JN040663

「何もない」こそ最高の武器になる

何も持っていなかったフツーの主婦だった私が、たくさんの夢を叶えたちょっとした方法

EMI 高等学院　学院長
SS ゼミナール　代表
山中 恵美子

Gakken

著者・山中恵美子の人生アップダウン図

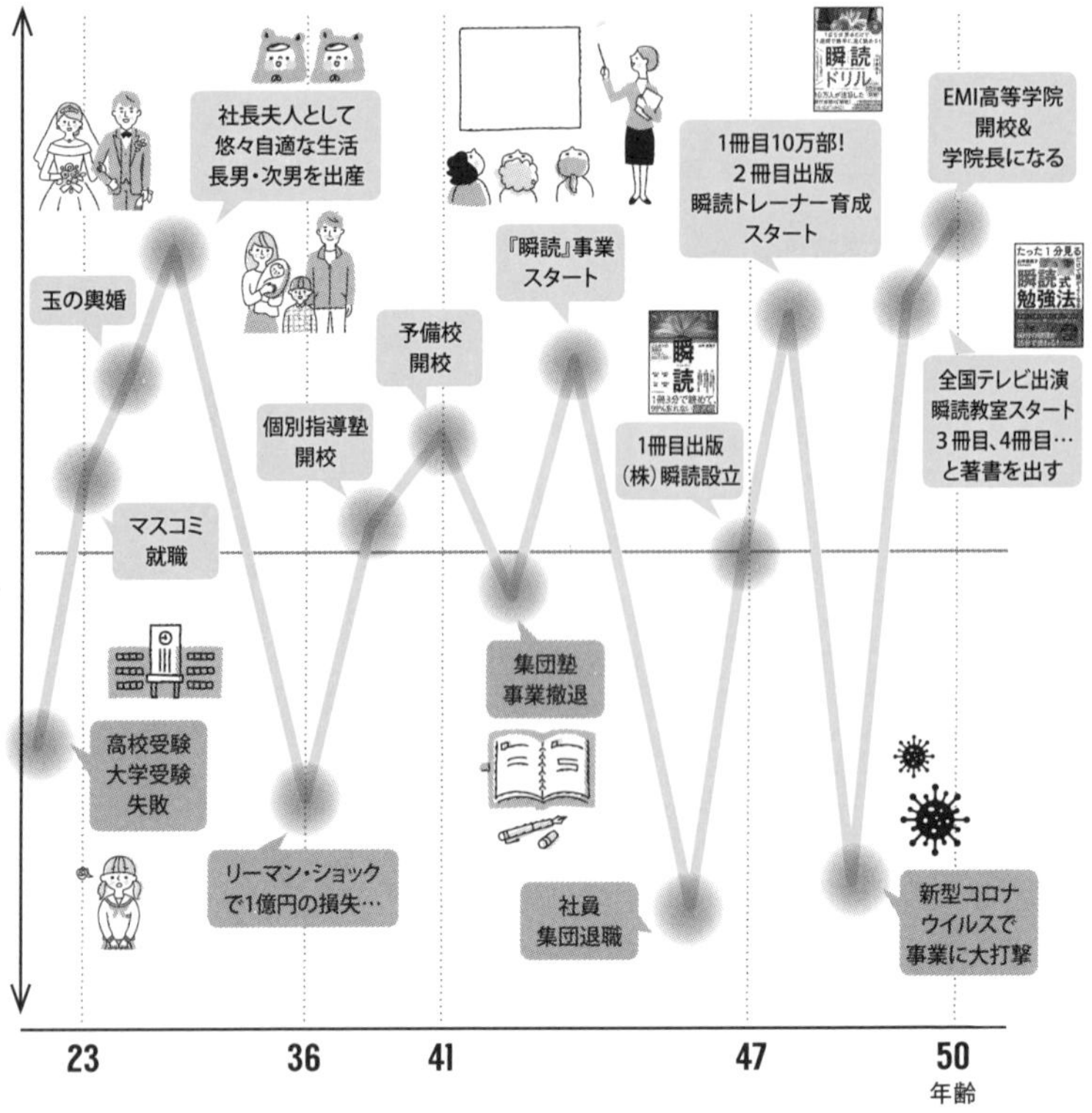

高校受験
大学受験
失敗
マスコミ
就職
玉の輿婚
社長夫人として
悠々自適な生活
長男・次男を出産
リーマン・ショック
で1億円の損失…
個別指導塾
開校
予備校
開校
集団塾
事業撤退
『瞬読』事業
スタート
社員
集団退職
1冊目出版
(株)瞬読設立
1冊目10万部!
2冊目出版
瞬読トレーナー育成
スタート
新型コロナ
ウイルスで
事業に大打撃
全国テレビ出演
瞬読教室スタート
3冊目、4冊目…
と著書を出す
EMI高等学院
開校&
学院長になる
瞬読
瞬読ドリル
瞬読式勉強法
23
36
41
47
50
年齢

序章

漫画のような私の人生

～損失額1億円から30校の
塾と学校を一代で築くまで～

1億円の損失…。36歳で2人の子持ち無一文からの大復活！

はじめまして。『瞬読』という本を出しました山中恵美子と申します。**『瞬読』はおかげさまでシリーズ累計26万部のベストセラー**となりました。ほかに**「グループ30校で2万人の生徒を送り出した塾を一代で築いた経営者」「EMI高等学院 学院長」**という肩書きもあります（いきなり自慢ばかりのようで恐れ入りますが…）。

とはいえ、私は生まれつき裕福なわけでも、頭がよいわけでも、才能に恵まれていたわけでもありません。大阪で生まれ、コテコテの関西弁で育ち、正直知名度は…の大学を卒業したどこにでもいる女子。そして、2人の男の子を持つ、ありふれた名もなき主婦でした。

ただ、**1億円の損失という経済的などん底を経験したことで、突然稼がなくてはならなくなり、36歳で一念発起。なんの後ろ盾もないところから、小さな学習塾を起業**したのがきっかけで、ドタバタながらもにぎやかで楽しい人生を送ることになります。

「稼がなければ家族が食べていけない…」。そんな状況が、私のマインドを180度変えてくれたのです。

いったいなぜ、そんな人生を送ることになったのか。幼少時代から、かいつまんでお話しさせてください。

小学校時代のいじめとそこからの脱却

私は転勤族の父と、専業主婦の母のもとに生まれました。幼稚園までは大阪で過ごし、小学校入学後は名古屋に引っ越しました。

そこで、待っていたのは、軽い〝いじめ〟です。「関西から来た子」に対する反発もあったのでしょう、クラスメートや上級生から大阪弁を冷やかされたり、からかわれたり。嘘を教えられて恥をかかされたり、仲間外れにされたり…。転校生に対する通過儀礼のようなものだったのかもしれませんが、精神的にしんどい日々を過ごしました。

たとえば、毎日一緒に学校に行く登校班の上級生に「明日は遠足だから、体操服を着てお弁当を持ってこなければいけないよ」と教えられたことがあります。翌日、その言葉通りに準備をして行ったところ「アホだなぁ」と、上級生たちに笑われたのです。つまり、転校してきたばかりの私は上級生たちにだまされ、からかわれたのです。

「学校に行きたくない」「友達は一人もいない」「逃げ場がどこにもない」、そんな思いを味わいました。

子どもとは純粋なものですが、ときに大人以上に残酷な面も持ち合わせています。そんな子どもたちの集団の中で生き抜いていくことが、どれほど難しいことか。

ですが、幼い私は親や学校に助けを求めることもせず、**自力でサバイバルする術《すべ》を編み出し、小学校生活を何とか無事に乗り切りました。**

その頃の処世術が、大人になった今も私を助けてくれているのは間違いありません。

中学時代は、ミニスカのヤンキー!?

中学時代も、サバイバルは続きます。なにせ不良っぽい子たちが多い環境でしたから、周りの雰囲気に自分をなじませながら、生き残るのに必死だったのです。

クラスメートの女子に合わせてスカートの丈も短くして、外見はマイルドなヤンキー。周囲を伺いながらかっこをつけたり、遊んだりしながら過ごしていました。

ただし、周りから嫌われないように「利用価値の高い子」と思われたくて、ノートをいつでも貸し出せるよう授業の板書をきれいに記録したり、忘れた子に貸せるよう体操服は常に2枚持参したり。涙ぐましい努力をしていたものです。

でも、それは私が〝優しい〟からではありません。**集団の中で生き抜いていくための打算的な行動**でした。まるで、組織で生き残るための根回しに余念がないビジネスパーソンのようですよね（笑）。

高校入試はクラスで一人だけ不合格…

やがて中3になり「高校受験なんて、余裕で大丈夫でしょ」とタカをくくっていたら、**滑り止めのつもりの私立高校の受験に不合格…。不合格だったのは、なんとクラスで私一人**でした。

やむなく、ランクを落とした安全圏の公立高校を受験し、そこに通うことになります。それが、私が人生で初めて経験した「不合格」でした（高校入試の場合、公立と私立の二段構えで受験に挑み、「全落ち」を防ぐのが通常です。記憶にある方もいらっしゃると思いますが、「15の春は泣かせない」という高校全入〈高校入学志願者全員入学制〉のスローガンがありました)。

自分が予想していたよりも下のランクの学校を受験をするのは、屈辱的なこと。恥ずかしさでいっぱいでした。そんな調子で高校に通い始めても、勉強へのモチベーションはなかなか上がりません。

「それなら、大学受験で巻き返してリベンジすればいい」という見方もあるでしょう。ところが周囲に影響されやすい私は、通学先のゆるやかな雰囲気に流され、高校3年間も「しっかり勉強した」とはとてもいえず…。

案の定、高望みで挑戦した第一志望の大学には不合格。親に頼み込んで浪人をさせてもらいました。

しかし浪人までさせてもらったのに、**翌年の大学受験では、第一志望に再び惨敗。**ご縁をいただけた地元の大学に進学を決意します。

どうでしょう。山中恵美子に親近感が湧いてきませんか(笑)。

テレビ局のＡＤの激務を乗り切る。二股で破局…

大学に進学した私は、母親のすすめもあり、在学中に日本珠算連盟珠算教師の資格を取得。延《の》べ２０００人の生徒たちに珠算（そろばんでする計算）を指導しました。

この時期、生徒さんたちには多くのことを教えられました。たとえば「４桁×４桁の暗算ができる」というような子にも数多く接しました。ですから**「脳は使い方次第で、思いもよらぬ能力を発揮してくれる」**と実感できたのです。**そんな経験があったからか、「１冊を３分で読む」という驚異的なレベルの速読法『瞬読』のメソッドを開発できた**のかもしれません。

そして大学時代の後半は、関西テレビでＡＤ（アシスタントディレクター）のアルバイトに励んでいました。

ただ、２歳からそろばんで鍛えられていた私は、当時は激務で知られていたＡＤとして求められる資質を既に養っていたようです。私は母からも祖母からも**「1分あたりにできることを増やせ」**と教えられてきました。「限られた時間に、どれだけのタスクをこなせるか」というタイパ（タイムパフォーマンス／時間対効果）を追求してきたわけです。

その姿勢は、秒刻みのテレビの現場でとても役に立ってくれました。

居心地がよかったこともあり、大学を卒業した私はそのまま関西テレビに入社します。銀行にも内定をいただいていましたが、悩んだ末に辞退したのです。

そのきっかけは、阪神淡路大震災で被災したことでした（詳しくはまた後ほど、お話しします）。「今いちばんやりたいことだけをやって生きたい」、そんな思いから、AD職を続けました。

とはいえ、ADだからといって得られた技術や技能は、特になかったと思います（当時と今では事情が違うと思いますが）。手に職がついたわけではありませんでしたが、コミュニケーション能力はとても磨いてもらったと感謝しています。

この頃に、人並みに恋愛を経験することもでき、遠距離恋愛を2年続けたのです。

婚約までして、結婚式の日取りも決めていたのですが、ひょんなことから**彼の二股交際が発覚。当然、破談となりました。**

傷心の私は勢いでテレビ局の職を辞し、名古屋で一人暮らしを始めます。それまで兵庫で同居していた両親は驚きましたが、私ももう大人でしたから好きにさせてくれました。

新天地で見初められた社長と、まさかの玉の輿婚！

そして20代半ばの私は、名古屋で一人暮らしを始めます。幼少期に過ごしたことのある名古屋でなら、土地勘があると思ったのです。

そこで「家庭教師派遣会社」を見つけ、アルバイトを始めます。その会社は、約2万人もの家庭教師登録者数を誇る、非常に勢いのいい会社でした。

お客様である保護者さんと、家庭教師をマッチングするのが主な業務です。登録者数が2万人ですから、発生する事務仕事も膨大《ぼうだい》なもの。私はそこで、事務職として元気に働き始めました。

なにせ私は〝AD上がり〟ですから、仕事が超速。自分で言うのもおかしな話ですが、精度もかなり高い（笑）。

おかげで、新しい職場でも水を得た魚のようにいきいきと働くことができました。

結果的に、その会社の経営者と〝玉の輿婚〟をするに至ります。

振り返ると…、失恋のせいでテレビ局を退職した私が、新天地で獲得した仕事先でその働きぶりを認められ、経営者に見初められる。〝お嬢様育ち〟ではない〝庶民〟の私が、**突然社長夫人になった**わけですから、人生とはわからないものですよね。

結婚後は2人の男の子に恵まれ、ありがたいことに何不自由なく、優雅に暮らしていました。

リーマン・ショックの煽りを受けて、ＦＸで大失敗

しかし、結婚後に逆風が吹き始めます。

夫が経営する家庭教師派遣会社で、**社員が集団退職**。それが引き金となり、気落ちした夫が家に閉じこもるようになったのです。社員に裏切られた形となり、夫の心は折れてしまったようでした。夫はやむなく、会社を人に譲渡しました。

それで得たお金で、ＦＸ投資を始めたところ、大当たり！　まったく働かなくても月に

数百万円の収入が得られるようになったのです。おかげで私たちは、それだけで生活することができました。

ところが2008年のこと。リーマン・ショックで、夫が取引していたFXの会社が倒産。おかげで私たちは連鎖的に**1億円の損害を被《こうむ》ってしまった**のです…。

「来月からの収入がない」という限界状況に置かれた36歳の私は、塾をつくることにしました。

とはいえ30代半ばで、才能も学歴も資格も人脈もお金も「ないない尽くし」の私が、いったいなぜ塾を開業できたのか。その秘訣については、あとの本編に譲りますね。

塾の全国展開、一代で30校に拡大。子育ても、結果的に大成功

このような流れを経て、私は2009年に「わが子を通わせるならこんな塾」をコンセプトに、兵庫県西宮市に塾を開業。塾も生徒も増えていき、2023年の今までに、**グループ30校で延べ2万人の生徒を送り出すまでに。**

無名の主婦が、このように塾を成功させられた理由は、私が母親だったからでしょう。二児の母親として、子どもの勉強や支える側の大変さを経験してきたからです。つまり母親としての目線を活かしたことが「塾銀座」と呼ばれる塾が乱立する兵庫県西宮市でも、うまくいった理由だと思います。

また、放任主義にもかかわらず、子育ても結果的にうまくいきました。「勉強しなさい」という言葉を一度も言った覚えはないのですが、長男は中学受験、(甲子園を目指せる野球部を狙っての)高校受験に成功。そんなポジションにある高校球児となることができました。

また一般受験で慶應大学の商学部に合格、その後卒業しています。

子育てと仕事を両立させるマインドについても、本書でお伝えできればと思います。

TBS、フジテレビなどテレビ番組に続々と出演。一方で、社員が一斉退職…

さて私が開発した『**瞬読**』は、塾の付加価値を高めるために採用した速読のメソッドがその起源になっています。そのメソッドを実践したところ、学習効率が上がり、生徒たちが難関校に次々と合格。あまりの効果の高さに、保護者からの問い合わせが殺到し、あっという間に人気コンテンツとなりました。

やがては、一般の経営者やマネジメント層はじめ、意識の高いビジネスパーソンにも普及。『瞬読』の講座が人気を博すようになります。

受講生は延べ約4000人。今も工夫と改良を重ね続けています。

おかげさまで、喜びの声を毎日のようにいただきます。「わずか1時間半のトレーニングで何倍も速く読めるようになった」「いろんな速読を試したが、失敗ばかり。『瞬読』でようやくうまくいった！」「老眼の進んだ70代でも成功できるなんて…」など、多くの喜びの声をいただいています。

『瞬読』は書籍化され、ドリルなども含めるとシリーズ26万部の大ベストセラーへと成長しました。

そんな私の活動が注目されたのか、いろんなメディアから呼ばれます。テレビ局ではNHK、TBS、フジテレビ、読売テレビ、朝日放送、テレビ東京と、**キー局や準キー局といわれる局での番組に多くの出演を果たせた**のです。

ただ、その成長の過程では大きな憂き目にも遭っています。

「瞬読」の運営を株式会社にした頃、学習塾の社員9人が集団辞職をしたのです。**24人の社員のうち、幹部を含めて9人が一斉に辞めた**のです。

経営者である私にも至らない点はありました。ですが当時の私は、正しいと信じたことを懸命に続けていたのです。

このとき「正しいことを言っても人はついてこない」という大きな学びを得ることができました。**「正論」だけでは人はついてこない**のです。

このようにさまざまな経験を積み、物事を多角的に見られるようにもなりました。

また、なんとかやってこれたのは、塾の生徒さん、『瞬読』受講生の皆さん、そして西田文郎先生（株式会社サンリ会長、西田塾塾長）や100万部突破『人は話し方が9割』の著者・永松茂久さんといった師匠や大先輩のお力添えのおかげでもあります。

私はどこに行っても質問責め

とはいえ、「ないない尽くし」の36歳の主婦が、なぜここまでこられたのか。まだ腑《ふ》に落ちない方がいらっしゃることでしょう。

ここで、私によく寄せられる質問をまとめておきましょう。

「恵美子さんはなぜ、優しいコミュニティを運営できているんですか？」
「おいしいものばかりを食べているのに、なぜスリムなんですか？」
「恵美子さんはなぜ、いい意味で生活感がないんですか？　仕事に加えて家のこともしていますよね？」
「なぜ、いつも素敵なワンピースをお召しなんですか？」

私より敏腕なベテラン経営者さんからも、よくお尋ねをいただきます。

「恵美子さんはなぜ、SNSインフルエンサーになれたの？」
「山中先生は、なぜそんなにテレビに出られるの？　我が社も取材されたい」
「ビジネスを全国展開できる秘訣は何？」

本書を読めば、これらの答えを一瞬にして理解いただけるはずです。

2023年4月、私はEMI高等学院（通信制高校のサポート校）を創設しました。ですから、「塾の経営者」「『瞬読』創始者」「学校の学院長」という3つの顔で活動をしています。今後も肩書きが増える可能性はあります。

とはいえ直感に従って生きてきたので、成功の秘訣として「直感に従って生きること」も挙げられるかもしれませんね。

成功の秘訣は集約すればこれだけ！

明らかに確信していることをお伝えしておきましょう。私は今までに次の3つの力を重視し、磨くようにしてきました。

❶「観察力」
❷「スピード力」
❸「素直力（明るさ力を含む）」

❶観察力が養われたのは、小学校時代、生き抜くために周囲の様子をよく見ていたせいだといえるでしょう。

❷スピード力が培われたのは、そろばんに打ち込んだり、その指導をしていた賜物《たまもの》でしょう。
❸素直力がついたのは、祖母の影響だったと思います。

でも、ちょっと待ってください。**この3つの力は、誰でも何歳でもその気になれば育てられる力のはず**です。

一芸に秀でていなくても。特に才能に恵まれていなくても。たとえお金持ちでなくても。ちょっとした心がけで伸ばせる力です。ですからあなたも、今から心がけてみてください。

振り返れば、私は人一倍努力を重ねてきた気がします。それは決して〝努力のための〟努力ではありません。ストイックに生きるのが、別に好きなわけでもありませんし。正しくは〝**楽しむための**〟**努力**です。

私の行動の指針は「一度きりの人生を最大限に楽しむために」。ただそれだけです。

この3つの力を少し伸ばすだけで、あなたはあなたの居場所で、いつものあなたのままで、心豊かにより楽しい時間を過ごせるようになるはずです。

繰り返しますが、私は何も持っていない人間でした。**才能も学歴も資格も人脈もお金も誇れるようなものが「ないない尽くし」。運がよかったわけでもありません。**

でも、仕事もプライベートも、好きなことができています。

そんな人間がお話しするのですから、この3つの力の効き目は真実ですよね！

本書は6章から構成されています。

第1章から3章までは「人に恵まれる」がテーマ。第1章「仲間を増やす・気になる人に近づく」、第2章「一目置かれる存在になる」、第3章「人に動いてもらう」となっています。人間は1人で生きていくことはできません。そして何かをする場合は、強力な仲間に動いてもらうことも必要になります。私なりに見つけたその方法をお伝えしたいと思います。

続いて、**第4章から6章までのテーマが「夢を叶える」**。小さなことから大きなことまでスケールを問わず、好きなことを実現させるための方法をお話しするパートです。第4章「不幸・不利を乗り越える」、第5章「成長する」、第6章「好きなことを実現させる」という流れで、なるべく無理せず実現できるようにしています。

先ほど挙げました3つの力が、それぞれの方法の背景にあります。ですから3つの力を常に意識するだけでも、私がお伝えしたい多くのことが自ずと実行できるはずです。

あとこれは、この先読んでいただくと感じていただけると思いますが、お金や人脈や実績などが「何もない」というのは、伸び代がたくさんあるということで、成長しかないのです！「何もない」尽くしから大物になられた方も、数えきれないくらいいらっしゃいます。

それと、誰に対しても優しくなれます。人からの助けをこれほど敏感に感謝したくなるときって、「何もない」ときが最も強くなりますから。この優しさが後に、多くの人を仲間にできることにもつながっていきます。

ですから「何もない」は悪いことではありません。むしろ本書のタイトルにあるように武器にもなるのです。ぜひ前向きに考えていきましょう！

本書を通じて素敵な仲間に恵まれ、好きなことをどんどん実現して、人生を楽しめる方が一人でも多く誕生することを願ってやみません。

2023年6月　山中恵美子

「何もない」こそ最高の武器になる　目次

序章

漫画のような私の人生

〜損失額1億円から30校の塾と学校を一代で築くまで〜

●1億の損失…。36歳で2人の子持ち無一文からの大復活！……4
●小学校時代のいじめとそこからの脱却……5
●中学時代は、ミニスカのヤンキー!?……6
●高校入試はクラスで一人だけ不合格………7
●テレビ局のADの激務を乗り切る。二股で破局………9
●新天地で見初められた社長と、まさかの玉の輿婚！……11
●リーマン・ショックの煽りを受けて、FXで大失敗……12
●塾の全国展開、一代で30校に拡大。子育ても、結果的に大成功……13
●TBS、フジテレビなどテレビ番組に続々と出演。一方で、社員が一斉退職………14

● 私はどこに行っても質問責め ……16
● 成功の秘訣は集約すればこれだけ！ ……18

第1章 仲間を増やす・気になる人に近づく

● おこぼれをどんどん拾いにいこう ……30
● 好かれたかったら、まずは相手をリサーチ ……34
● 重要人物か、危険人物かを〝秒で〟見極める方法 ……37
● 上下関係に敏感になる ……42
● 1万人の「薄いファン」より、100人の「コアなファン」 ……45
● 人の価値は「応援を〝し合える〟仲間」の数で決まる ……49
● 情報は自分から与える。ご縁も惜しみなくつなぐ ……53
● フットワークが軽いだけで、こんなに得をします。 ……56
● 目上の人にかわいがられる秘訣① メリットを与える。新たなことに挑戦し続ける ……60
● 目上の人にかわいがられる秘訣② 簡潔に答える。こちらから提案する ……63

第2章 一目置かれる存在になる

● 結局世の中は、信用(＝数字)がすべて……70
● トリッキーな戦術でもいいから、トップを獲る……74
● 「数字マウント」からは卒業しよう……79
● テレビ局からのオファーを殺到させる方法……83
● 叩かれる覚悟はしておこう……87
● アンチが増えたら喜ぼう……89
● ありがちな属性も掛け合わせれば、唯一無二の存在になれる……94
● 地味な活動の継続が持つ莫大《ばくだい》なパワーを侮るなかれ……99
● 〝終わらないレース〟には参加しない……101
● 弱点はさらけだす……106

第3章 人に動いてもらう

褒《ほ》め言葉は逆効果になることも……112
動いてほしかったら「見た目」以外の長所を褒める……115
「正義感の無駄遣い」はやめる……117
失敗を説得力に変えよう……120
男も女も「愛嬌《あいきょう》」が大事……124
伝えたいことは、どう言うか考えるより、行動で示す……125
学歴以外の評価軸も大切に……128
大切な人には先に投資する……132

第4章 不幸・不利を乗り越える

「◎◎が悩みで…」と嘆く人は、まだまだ余裕……138
「自分」を嫌いになったら、本当に終わり……142

● とにかく感謝する。感謝デーをつくる ……144
● 生き抜くためにはキャラ変も有効 ……148
● 加害者の「軽さ」を知っておく ……151
● プライドを守るための隠し事はあっていい ……155
● これまでの常識は無視。弱みも無視、というか強みになる！ ……158
● 真剣に聞くだけ～やる気と心に火をつける方法 ……163
● 落ち込んだときは大成長のチャンスだと喜ぼう！ ……166
● 世間の評価軸なんて無視していい。何歳からでも自分軸は持てる ……169

第5章 成長する

● 苦手なことは頑張らない ……178
● 「リフレッシュ」「パワーチャージ」。そんな概念と遠いところにいる人を目指す ……181
● 今不幸なのは、それまで「誰にも喜ばれてこなかった」から ……183
● ボロ儲けできるのにしない人こそ「真の幸せな人」 ……187

● 突然仕事を辞められるくらい、自分の「稼ぎ力」を磨け ……189
● 幸せになったら誰かの役に立つと、充足感がもっと得られる ……192
● 成約率なんて確率の問題。一喜一憂するのは損しか生まない ……195
● 「TODOリスト」より、「やらないリスト」のほうが大事 ……197

第6章 好きなことを実現させる

● 返事も行動も0・2秒。直感に正直になれ ……204
● 天才でなければ泥臭くなるのが成功への近道 ……208
● とことん、周りを頼れ ……212
● 大失敗の後には大成功というご褒美が待っている ……217
● 「人の思いが込められたもの」を選ぶ ……222
● 世の中になければ、自分でつくればいい ……225
● レッドオーシャンで生き残るたった一つの方法 ……228
● 自分探しなんて不要。直感に従っていれば気持ちよく生きられる ……231

● シンプルに先手必勝！　先駆者利益を狙う……234
●「ないない尽くし」も関係ない！　直感の絶大な威力……238
● 自分の欲求に蓋《ふた》をしないために……241
おわりに……245

デザイン　矢部あずさ（bitter design）
DTP　荒木香樹
編集協力　山守麻衣
校正　安達万里子

第1章

仲間を増やす・気になる人に近づく

おこぼれをどんどん拾いにいこう

この第1章では、自分の味方や理解者、ファンを増やし、より心豊かに幸福な人生を歩んでいく方法についてお話しします。


「私は一人でできる仕事で成功したいので、〝味方〟なんて不要です」

「裏方でやっていきたいので、ファンなんていらないんです」

もしかすると、そんな人がいるかもしれません。

でも、ちょっと待ってください。どんな場合でも、幸せな人生を目指す際には人間関係を広げたり、深めたりすることが土台となります。

その理由は簡単です。運気を高めてくれるのは、必ずといっていいほど「人」だからです。

仕事を依頼してくれるのも、楽しいことに誘ってくれるのも、優しさや勇気や励ましをくれるのも、明日への活力を与えてくれるのも、必ず「人」から。

周囲の人からの働きかけで、人は心豊かに生かされるものだからです。

さらにいうと、自分一人で自分の運気を上げることなんて、ほぼ不可能。それは傲慢《ごうまん》な考えだと思ってください。できるだけよい人とおつきあいして、末長く交流していくことをお勧めします。

ポイントは「自分よりも優れた人」や「尊敬したくなる人」を選ぶこと。人は、人によって磨かれるもの。お手本となるような人と接することで、自分自身を成長させていくことができるからです（たとえば「だらしのないAさんといると、こちらも気を遣う必要がないから楽でいいわぁ…」というような理由でおつきあいをするのは、あまりおすすめできません）。

しかし、このお話をするとよく反論をいただきます。

「自分よりも優れた人とつきあうなんて、絶対にムリ！　だって嫉妬《しっと》しちゃいますから」

そのお気持ちは、よくわかります。私も以前は、そんな生き方をしていたからです。

「私は不幸なのに、あの人ばかりがなぜうまくいくの？」

「私はまったくツイていないのに、あの人はなぜ運がいいの？」

羨《うらや》ましい、悔しい、腹が立つ…。こんな嫉妬のループに一旦はまり込むと、そこから抜け出るのは難しいもの。嫉妬や自己卑下《ひげ》などの感情にとらわれていたら、とても仲良くなんてできるわけがありませんよね。


ですが、そこで一瞬立ち止まって冷静になってください。

せっかく身近にすごい人がいるのに、仲良くならないなんて、もったいない話。ですから、現実の捉え方を次のように変えてみてほしいのです。

「あの人、またうまくいってる。ラッキー！　私もおこぼれがもらえる♪」


うまくいっている人、ツイている人、幸せな人はたいていみんな、自身が満たされています。ですから周りの人を攻撃したり、羨んだりすることはありません。

むしろ「自分の幸せを周りに還元していこう」と思っていることが多いものです。

そんな人と仲良くなれば、あなたまで満たされることは間違いありません。

これは「その人から（物質的に）何かを恵んでもらえる」という意味とは違います。**一緒に喜んで前向きな気持ちになれたり、成功の秘訣を教えてもらったり、おいしいものの**

話や素敵な人を紹介してもらったり、ということです。

ただしがっつくと、その人は遠ざかります。一緒に楽しむくらいの気持ちから入ってください。次第に仲良くなれて、おこぼれがもらえるチャンスが増えていくでしょう。


「幸せな人を見たら、反射的に相手を憎んだり、嫉妬したりする癖」は、早く手放してください。

「あの人は、生まれがお金持ちだから」「あの人は、運がいいから」「あの人は特別だから」などと負のレッテルを貼るのはもうおしまい。

「私にもおこぼれがくる！」というポジティブな捉え方をして、あなたもそのパワーにあやかればよいのです。

嫉妬や憎しみほど、非生産的な感情はありません。そこからは何も生まれません。

幸せな人を羨んで遠ざけるのではなく、むしろ近づいていって、一緒に喜ぶことをおすすめします。つまり**幸せになるのに〝努力〟なんていらない**のです。

例えば、自分自身がシャンパンタワーの下の段に配置されたグラスだと想像してみてください。

誰かが上から注いでくれた美酒が、ゆっくりと流れてくるのをありがたく受け止める。

つまり、しゃかりきに努力をして自分で自分を満たすのではなく、先に豊かになった人に満たしてもらう。

私のいう〝おこぼれ〟とは、そんなイメージです（笑）。

好かれたかったら、まずは相手をリサーチ

小学校時代のいじめ体験については既にお話ししましたが、そこから得た学びは大きなものでした。なぜなら、私は常に「身を守ること」「味方を増やすこと」を考えることができたからです。

もちろん子どもですから非力ですし、込み入った工作ができるわけでもありません。でも子どもなりに必死に考え、さまざまな処世術を編み出していました。

その一つが**「相手を知る」という技**です。

わかりやすい例を挙げておきましょう。中国最古の兵法書『孫子』に、「彼を知り己を

知れば百戦殆《あやう》からず」というよく知られた言葉があります。「敵の実力や現状をしっかり把握し、自分自身のことをよくわきまえて戦えば、何度でも勝つことができる」という教えです。「相手のことをよく理解すれば、勝てる（いじめられない）」という意味では、私の方法はこの故事に通じるところがあります。

ではいったい、相手をどのように理解すればよいのでしょうか。小学生の私は、まず、いじめっ子たちの趣味を知ろうとしました。

いじめっ子たちは主に5、6年生。当時低学年だった私の上級生でしたが、登下校の班が同じですから、その**会話に耳をすませ「好きなもの」を探った**のです。特に女の子はおしゃべりですから、「好きなもの」なんてすぐに察することができます。

結果、上級生たちは当時大流行していた『ガラスの仮面』（美内すずえ）や『王家の紋章』（細川智栄子）などの少女漫画に熱狂していることが判明。そう気づいた日から、私は親に頼んですぐにそれらの全巻を入手し、一気に読了。**上級生らの会話に加わることに成功した**のです。

当然、最初は勇気がいりました。しかし一度受け入れられれば、怖さは薄らぎました。「そのセリフ、かっこよかったと思った！」「私もあのシーン、大好き！」このように、最初は合いの手を入れるような形でしたが、いつしか自分の感想を伝えられるようにもなりました。そして「この子、本当に私たちと同じ本が好きなのだ」と認めてもらった結果、いじめがほぼなくなったのです。

それは嬉しい成功体験でした。それが私の人づきあいにおいての最初の成功体験だったかもしれません。

また、漫画ばかりではありません。上級生らがテレビで『オレたちひょうきん族』を観ていたら、自分もそれを観る、という涙ぐましい努力もしていました。

覚えていらっしゃる方も多いかもしれませんが、当時の土曜20時台は『8時だョ！全員集合』（TBS系列）と『オレたちひょうきん族』（フジテレビ系列）が、世の中の人気を二分していたものです。それは「土8《どはち》戦争」と形容されるほど、熾烈《しれつ》な争いでした。どちらも超人気番組で、当時はテレビの録画機能などもまだありませんでしたから、多くの子どもたちはどちらを選ぶか真剣に悩んだものです。そんな中で、『オレたちひょうきん族』を支持する私の言動は、上級生らからの信頼を勝ち取ることにとても有効でした。

自分の〝敵〟（仲良くなりたい相手・懐柔したい相手）の好みを知り、話題を合わせるということの技は、**もちろん大人に対しても使える技**です。**今はSNSもありますし、それ**

で相手の趣味や思考を知ることは、だいぶ簡単になってきていると思います。

ほんのひと手間で、相手の対応が変わる喜びを、あなたにもぜひ体験してほしいと思います。

重要人物か、危険人物かを〝秒で〟見極める方法

いつも一緒にいる人や、おつきあいする人を吟味することは大事です。自分が心地よいと感じる相手を選ぶようにしましょう。

突然こう書くと、なんだか高飛車に聞こえてしまうかもしれません。根本的なところからお話ししますね。

人は、よくも悪くも接する人から大きな影響を受けます。普段接する人が、もし「いい人」であれば、自分自身も「いい人」へと近づいていくことができます（ここでいう「いい人」とは、自分や周囲の幸せを願い、行動を積み重ねることができるような人を指します）。

ですから、おつきあいをする人は選ぶべきなのです。

もちろん、この「おつきあい」とは男女関係に限った話ではなく、広義の〝人づきあい〟のことを指します。職場での人間関係や、親戚など身内の人間関係などの自分の力で変えにくい人間関係は別として、自分がつきあう相手はできる限り選ぶべきです。

いい人とのおつきあいがあれば、自身の人間性は高められていきますし、行動も変わり、人生も好転していきます。また、いい人たちが集まるコミュニティに所属していれば、より多くの影響を受けるわけですから、自分自身がより早く変わっていくことを実感できるでしょう。

まず当然の話ですが、**あなたを見下すような相手や、あなたを軽んじるような相手と、我慢《がまん》をしてつきあう必要なんてありません**（いい人ほど、既存の人間関係を変えることをためらいがちです）。

さらに踏み込んでいうと「話が噛み合わない人」「波長が合わない人」「感覚が違いすぎる人」とも、無理をして一緒にいることはありません。

私はそんな人たちのことを**「違和感がある人」**と総称しています。

会話が続かなかったり、盛り上がりにくかったり、自分の気持ちが伝わりにくかったり、タイミングが合わなかったり…。つきあう過程でいろんなわだかまりが出てくる人。それが、あなたにとっての「違和感がある人」です（もちろん人によって「違和感がある人」はそれぞれ異なります）。

たとえば「他に親しい人がいないから」などの理由で、「違和感がある人」との関係を続けていると、自分自身が不利益を被ったり、居心地の悪い思いをしたり、不快な出来事に遭遇したりするものです。何より、自分自身が楽しくないはず。

ですから**「つきあうか」「つきあわないか」は本能レベルで、秒速で見極めたい**ものです。

第6章でもくわしくお話ししますが、**判断基準は「違和感があるかないか」**です。

例を挙げておきましょう。「あなたのためになると思うから、私たちのサークルに入らない？」と、そんなお誘いを受けたとき。「面白そう！」と興味を持ち、そのサークルについて調べてみる姿勢は非常に重要です。フットワークが軽い人は、人に恵まれやすいものだからです（このあと56ページからお話しします）。

ただし、すすめられたサークルについて調べてみて、もし何らかの違和感が湧いてきたら、その誘いにはのらないことをおすすめします。

「〝違和感〟なんて、ただの直感じゃないか。そんな根拠も科学的な面もアテにならないようなものを、信じていいのか?」。そう驚く人がいるかもしれません。

大丈夫です、**直感ほど本人にとって最高の〝レーダー〟はないから**です。成功したい場合、より幸せになりたい場合は〝ご縁〟も直感で選んでください。

直感とは、「勘」「インスピレーション」「第六感」「虫の知らせ」といわれるもの。理屈では説明ができない、その人だけが受け取れるメッセージのことを指します。

直感で不安やリスクなどを感じるとき、なんだか違和感が拭《ぬぐ》えないときは、脳の一番奥にある魂からの警告だと受け取ったほうがよいのです。ゆえに直感とは、人間にとって最高のレーダーなのです。

直感とは本来誰にでも備わっているものです。しかし、現代においてはそれを受け取りにくくなっている人が多いのも事実。それは、情報過多の社会になっているから。いろいろと知っていくうちに迷ってしまうこともあるでしょう。ただそれでも、最後は期限を設けて直感で判断したいところです。

また、普段は勘が鋭くても、疲れていたり、他のことで頭がいっぱいだったりすると、一時的に直感を受け取れなくなることもあります。ですから、人づきあいを始めるかどうか判断する際には、直感を鋭くして自問してほしいのです。

私は「直感に従うこと」の重要性を、西田文郎先生に教わりました。

西田先生は、大脳生理学と心理学を使ったトレーニングのシステムを構築し、経営者やビジネスパーソン、スポーツ選手の能力開発に携わってこられた、イメージトレーニング研究・指導のパイオニアです。

脳には「考える脳」（左脳）と「直感で答えを導き出す脳」（右脳）があるとされます。学校教育などで左脳を使うことが多い現代社会では、直感がどうしても軽視されがち。ですから、意識的に直感を重んじる癖をつけることが大事、と西田先生はよく説かれています。

直感の重要性については、私も以前から常々実感していました。

私は経営者として人と知り合う機会が多いので、違和感を持った相手とは距離を置くこともあるのですが、**あとから「正解だった」と胸をなでおろすことが、実際多い**のです。

あまり表に出したくない事実ですが、さまざまな思惑を隠して人に近づいてくる「よくない人」も世の中には存在するものです。「君子危うきに近寄らず」という格言もあります。

特に、突然持ち上げてくるようなお世辞や甘い言葉、儲け話には要注意です。十分に自衛しながら、「よい人」とつながるようにしたいものですね。

上下関係に敏感になる

「山中さんって、人をよく観察していますよね」「恵美子さんって、私のことをよく見て、わかってくれていますよね」。ありがたいことに、こんな声をポジティブなニュアンスで数多くいただきます。

それは、とても嬉しいこと。でも私の〝観察癖〟は、幼少期に培われた悲しい性《さが》なのです。

というのは、

1）今その瞬間に居合わせている集団の中で、自分がどのポジションにいるか

2）その集団の中で、最も序列が上の人は誰なのか

この2点を素早く見極めてうまく立ち回ることで、私は身を守り続けてきたからです。

「計算高い」と思われるかもしれません。でも、陰険ないじめから自分自身を守るには、そうするしか道がなかったのです。

親にも学校にも助けを求めず「自分の力で生き抜こう」と決めた小学生の私が、幼いなりに必死に考え、やっと見つけた手段が、この**「上下関係に敏感になる」という処世術**でした。

「組織で働いているわけでもないのに、上下関係なんてあるだろうか」と不思議に思われる方がいるかもしれません。

声を大にして言いたいのですが、お金にまつわる利害関係なんてないはずの小学生や中学生の間でも、上下関係は確固として存在します。本来、平等であるはずのクラスメートの間に上下関係が発生するため、それがいじめや不登校の原因などになってしまうのです。

だから少しでも上のポジションに留まり続けられるよう、方策を必死に考えるのではないでしょうか。そんな子どもの必死の努力を、責めたり、笑ったりすることができますか？

もし、**誰をも傷付けず、誰にも迷惑をかけない形で、ポジションをキープしたり、アッ**

プさせたりすることができれば。それは素晴らしいサバイバル術を身につけたのだと解釈できないでしょうか。

私自身は、こんな処世術を身につけざるを得なかった自分のことを「かわいそう」だとは感じません。過去の自分に同情することはありません。

ただ、**そんなサバイバル術が身についていたおかげで、今でもなんとかビジネスを展開し、本当に好きな仲間たちとの楽しいコミュニティを持続できている**気がします。

まとめておきましょう。

人が2人以上集まったとき。よほど親しい友だち同士でもない限り、そこには必ずといっていいほど上下関係が発生するものです。でも人数が増えれば増えるほど、その序列がわかりにくくなることもあります。すごい人ほど控えめで口数が少なかったり、自分の情報を明かさなかったりするからです。

人間関係の序列をいち早く見抜き、自分のポジションにふさわしい言動を選ぶようにしていきましょう。そして目上の人は敬い、立てること。

そんな振る舞いがあなたの仲間を増やし、人としての品格まで高めてくれます。

1万人の「薄いファン」より、100人の「コアなファン」

自分を応援してくれるファンの数を増やそうと躍起になっている人を、お見かけすることがあります。

たとえばSNSのフォロワーさんの数を数千人、数万人というレベルにもっていこうと、さまざまな方策を使い、頑張っておられるのです。

確かに数字は客観的な目安。世の中は、数字で判断されるといっても過言ではありません。ですから、数字を追うことに懸命になってしまう心理はとてもよくわかります。

実際、私自身にもそんな時期がありました。自分の経営する塾の知名度を上げるため、ややトリッキーなことも含め「数」に徹底してこだわったのです（70ページ）。

ですが、それはあくまで**一時的な〝作戦〟でしたし、「数を増やすこと」を最優先にしていたわけでもありません。**おせっかいではありますが、**「数」だけを追い続けると大切なものを見失う**可能性が出てきてしまいます。

特に、「フォロワー」という生身のファンを「数だけ増やせばいい」という下心に突き動かされて求めすぎるのは、疑問符がつきます。なぜなら**「フォロワー」と一口にいっても、その〝濃度〟に大きな差があるから**です。

「自分のタイムラインにその人の投稿が流れてきたら、なんとなく『いいね』を押している」という「薄い（＝カジュアルな）ファン」。

「ＹｏｕＴｕｂｅやインスタでその人のライブが配信されるときは、必ず視聴する」という「こまめなファン」。

「その人が開催する高額のセミナーやイベントには、必ず参加する」という「コアな（＝熱狂的な、濃い）ファン」。

このように、「好き」のグラデーションがまったく異なるファンを、すべてひっくるめて「◎万人」と称する集計方法には、大きなリスクが潜んでいます。

そもそも「薄いファン」は、いろんな人の「薄いファン」であることも珍しくありません。ですから、一人の〝推し〟だけに自分のリソース（時間や手間やお金）を割きにくいものなのです。

具体的にお話ししてみましょう。

たとえば「SNSのフォロワーさんが合計30万人」という方が本を出版したら、なぜか1万冊も売れなかったとします。「ファン（フォロワー）は合計30万人もいるはずなのに、いったいなぜ？」と思うかもしれません。

このように本人も、その本を出した出版社の担当者も、頭を抱える羽目になる…。私はそんな〝悲劇〟を今まで幾度となく実際に見聞きしてきました。

だから「フォロワー」という生身のファンを「数だけ増やせばいい」という安易な考えに突き動かされて求めるのは危険なのです。

もし「私もファン（＝味方）を増やしたい」と願うなら…。

その望み自体は、素敵なこと。ただし、決して「大きな数」にこだわりすぎず、本気の「コアなファン」を増やしていきましょう。

オンライン上でも、リアルでも、一人一人と向き合う機会に恵まれたときは**最大限の敬意と丁寧さをもって接すること。相手に喜んでもらう行動をとること。そして「応援してくださってありがとうございます」とこまめに感謝をすること。恥ずかしがらずにお礼を言うこと**です。

「薄いファン」を多く抱えている人ほど「自分を応援してくれるファンなんてほかにもたくさんいる」という〝俺様思考〟に陥りがちですから、気をつけてくださいね。

最初はまず100人、いや10人くらいでもいいので目標を掲げて「コアなファン」をつくっていきましょう。

私も以前は「あらゆる人に好かれたい」と考えていた時期がありました。「出会ってくれた人、全員に100％の愛情を注ごう」と努力をしたこともあります。でも、それはナンセンス。今では無謀だったとわかります。

私が**〝全員〟に愛情を注いだり、支援できたとしても、確率的に全体の2割くらいの人にしか喜んでもらえないと体感できたから**です。

そんなことをしていては、私のことを本気で応援してくれる「コアなファン」に不公平感が出てしまうし、迷惑もかかってしまいます。だから、最初から「コアなファン」を特別扱いすることが大事なのです。

人の価値は「応援を〝し合える〟仲間」の数で決まる

ここで一つ「ファン」について大事なことをお伝えしておきます。

多くの方が考える「ファン」の定義とは、「応援してくれる人」という意味ではないでしょうか。

たとえばアイドルのファンの場合、その愛情や支援は〝一方通行〟であることが一般的です。もちろんアイドルとファンが交流を深める「ファンミーティング」などのイベントは時折あるかもしれませんが。

しかし、「アイドルがファン一人ひとりの名前を覚え、日常的に気にかけて、応援し続けてくれる」という形は、めったにないはず。

「一方通行の支援でも、たとえ相手から名前を認知されていなくても、あの人の姿をテレビやコンサート会場などで見て、応援できるだけで十分幸せです」。それが、ごく一般的な〝ファン心理〟というものでしょう。

しかし、私の考える「ファン」の定義は少し違います。

たとえば「山中恵美子さんのファンです！」と公言し、ネット上で見守ってくれたり、時にはコメントをくれたり、私の本を買ってくれたりする方がいた場合。

私も、その方を微力なりとも「応援したい」と思うのです。

そして、そんな優しい「ファン」の人たちとコミュニティをつくり、**生涯応援を〝し合って〟いきたい**と願っています。いわゆる「ファンコミュニティ」、それも優しいファンコミュニティを形成したいのです。

愛情や応援の流れが、なぜ〝一方通行〟ではなく相互の形なのか、とよく聞かれます。

答えは明快です。

だって、**自分の手持ちの時間を割いてわざわざ応援をしてくださる優しい方には、私もそれ以上の気持ちや行動をお返ししたい**ではないですか。**相手に与えていただくばかりの生き方なんて、失礼**でしょう。

それに**「自分だけが幸せになる」という状態は、人として非常に歪**《いびつ》なものです。一時的に「自分だけが幸せになる」ことはあるかもしれませんが、そのような**人として不均衡なあり方は長く続きはしない**でしょう。

〝真に幸せな状態〟とは、自分一人で実現するものではありません。周りにいる人みんなを巻き込んだ「自分も周りも幸せな状態」こそが、真に幸せな状態なのです。

また、自分と同時に周りが幸せである場合、**相互にその幸せを増幅させていくことができます。**だから、愛情や気持ちなどを与え合うことが大事なのです。

極論をいうと、**「誰かを応援するから自分もうまくいく」**のです。

こう書くと、なんだか悟りを開いた立派な人の言葉のように聞こえてしまうかもしれません。でも、それが今の私の偽らざる気持ち。この気持ちが嘘でないのは、昔の私の価値観と比べることで納得していただけるかと思います。

お恥ずかしい話ですが、昔の私は「一人で生きている」と思っていました。FXですべてを失う前の時期、玉の輿婚に成功し、好き放題に過ごしていた30代前半のことです。

「誰の世話にもなっていない」「私の実力だけでここまで生きてきた」「贅沢《ぜいたく》できているのも、自分の力」「楽して得して生きていきたい」「いい情報は誰にも教えず一人占めしたい」「いいご縁も、誰にもつなぎたくない」…。

どうでしょう、こんな人間とあなたはつきあいたいと思いますか（笑）。でも、これが昔の山中恵美子だったのです。

その後、人生のどん底を経験し、自分の傲慢さにようやく気づき、多くの優れた方に導かれ、人間性を取り戻し、「真に幸せな状態を目指したい」と思えるようになりました。

つまり**「いい情報も、いいご縁も、周囲にギブしたい」「喜びや幸せを周囲と分かち合いたい」**、**心からそう思えるようになった**のです。

そのほうが、結局は自分に〝返ってくる〟ということがわかったからです。

今ではすっかり更生し〝一人占め志向〟から脱却。分かち合える仲間づくりの楽しさに目覚めることができました。周りと助け合いながら感謝し合える関係性は、最高です。

今思えば「一人占めする人生」ほど寂しくつまらないものはありません。

また、**人はそれぞれ強みが異なります。自分一人で完結しようとせず〝周囲にうまく頼れる人〟が、最速で成功に至ることができます。**

なぜなら、自分が苦手なことや嫌なことを頑張りすぎても、うまくいかないことのほうが多いもの。さらにいえば、すぐに疲弊してしまって、夢を叶えるどころではなくなってしまうからです。

「人の価値とは〝応援をし合える仲間〟の数で決まる」。紆余曲折を経て、今はそう確信しています。

情報は自分から与える。ご縁も惜しみなくつなぐ

世間に認知されることは、非常に大事なことです。どんなに優れた商品やサービスでも、世の中に知られなければ普及はしないし、多くの人に喜ばれることもありません。だからどんな組織も広報の担当者を置いて、宣伝に力を入れるのです。特に近年は、多くの企業が自社のアカウントでSNS上の発信に努めるようになりました。

「この商品（サービス）は優れているから、宣伝なんてしなくても自動的に売れる」。こう考える方はだいぶ少なくなっていると思いますが、世に知られる努力を怠っていると、あっという間に取り残されてしまいます。

これは企業についてだけの話ではなく、個人についても当てはまります。

実際**「企業も個人も、発信をしないなんて存在しないも同じ」**と説く人もいるほどです。友だちがほしいでも人脈を増やしたいでも、いずれにしても仲間を増やしたいときは、

積極的な発信、あるいは働きかけをおすすめします（職場の決まりでSNS上での発信に制約がある人もいるかもしれませんので、ご自身が置かれた環境でのルールの範囲内でとはなりますが）。

私自身も長年、情報発信には日夜努めてきました。もちろん試行錯誤の過程で、恥ずかしい失敗も重ねてきました。その中でも最大の失敗談をお伝えしておきましょう。

それは150万円もの大金を〝捨て金〟にしてしまったこと。ぜひ他山の石にしてください。

私の生み出したメソッド『瞬読』を世間にもっと認知させたいと考えていた、2019年頃の話です。

当時も『瞬読』は、多くのファンや受講生にご支持をいただいていました。とはいえ「もっと多くの方のお役に立てるはず」という思いがあったのです（もちろん今でもその思いは強いです）。

全国的な知名度を獲得したいと思い、とあるコンサルタントを頼ったことがあります。具体的には「テレビ出演したい」という目標をお伝えし、アドバイスを乞いました。

そのコンサルタントからはさまざまな助言をもらい、それを地道に実践し続けました。

しかし残念ながら、テレビ局はおろか、雑誌等他のメディアからも取材のオファーはゼロ。そのコンサルタントを恨む気持ちはまったくありませんでしたが、世の中の厳しさを改めて肌身で感じたものでした。

ところがどうでしょう、そのコンサルタントの契約期間が終わり、メディアに売り込むという姿勢をやめ、「目の前の人に喜んでもらうこと」を徹底し始めたところ、テレビ局はじめ多くのメディアから取材依頼が相次ぐようになったのです。結局はテレビ局の場合だと先述の通り、NHK、TBS、フジテレビなどキー局や準キー局の番組に次々と出演を果たします。

具体的にどのようなことをしたかというと、『瞬読』の受講生にしっかりトレーニングをしていただくよう工夫をしたり。いただいた声に真摯《しんし》に向き合い、自分たちのサービス改善に努めたり。要は、**目の前の人を喜ばせることに全身全霊で取り組んだところ、流れが変わった**のです。それは説明のしようがない、不思議な人生の転換点でした。

ただ、今にしてわかることがあります。私が「『瞬読』を広めたい」と願えば願うほど、それが執着となり、我欲となり、目標の実現から遠のいていった気がします。

反対にその願いを手放し「人の役に立つこと」にフォーカスを続けたことで、受講生からの口コミが広がったり、よい評判が立ったり、SNS上で情報が拡散したりして、それがメディアに伝わったのだろうと解釈をしています。

もちろん「売り込みや営業活動なんて無駄だ」と説きたいわけではありません。しかし**「自分たちを売り込む活動からいったん手を引いた直後に、取材のオファーが舞い込み始めた」**という事実は、示唆《しさ》に富んでいると思えてならないのです。ぜひ参考になさってください。

まとめますと、多くの人に知ってもらうためにはよい商品やサービスを生み出したり、正しいことしたりするだけでいい、というわけではありません。**自分からの発信や働きかけは、人に恵まれたいのであれば必須。とはいえ、自分だけ得をするような行動は報われないもので、誰かの役に立つというスタンスで臨むことが大事**だということです。

フットワークが軽いだけで、こんなに得をします

年齢を重ねて経験値が増えるのは、素晴らしいこと。

一方で、だんだん難しくなってくることもあります。その代表格が「軽いフットワークで行動すること」ではないでしょうか。ここでは、軽いフットワークの重要性についてお話ししておきます。

そもそも軽いフットワークで生きていくよさについては、多くの方にすんなり納得いただけると思います。

「近くに素敵なお店ができたらしい」と知ったら、すぐに出かけてみる。
「ジムで、話題のエクササイズのクラスが始まった」と聞いたら、受講してみる。
「隣の県でイベントが開催中」と知ったら、即訪れる。
「◎◎市に引っ越したい」と感じたら、数週間後にはもう引っ越しを終え、あらゆる手続きまで済ませている。

最後の例は少し極端ですが、わかりやすくいえばそういうこと。思いついたことを即行動に移して生きていくことができれば、すぐにどんどん希望が叶いますし、どんなに楽しいことでしょうか。

ですが、私たちはさまざまな言い訳を考え、自分の行動にブレーキをかけてしまいがちです（私自身もかつてはそうだったので、よくわかります）。

たとえば「今週は仕事が詰まっていて忙しい」「今月はお金に余裕がないから、新しいことを始めるのは難しい」「家事があるから、出かけるのはやめておこう」「交通機関が混むかもしれないから、家に居よう」「これ以上、作業が増えたら大変だから、何もしないでおこう」などなど。

どうでしょう、あなたも身に覚えがありませんか。これらの言い訳は、どれも至極まっとうなものに聞えます。そうです、**私たちは〝言い訳探しの天才〟**なのです。

年齢を重ねて経験を積むと、感情の赴《おもむ》くままに行動するようなことが減り、事前にあらゆるリスクや可能性を想定し、その準備をしてから動こうとするようになります。「失敗を避けよう」「より効率よく行動しよう」というふうに。

このような慎重な姿勢は、素晴らしいことでもありますが、実は諸刃の剣でもあります。なぜなら人は思考するほど、行動をセーブする方向に考えてしまうものだから。「できない理由」に目を向けてしまうのです。

もちろん、未来に起こり得るリスクを想定して、それを回避するよう思考を巡らすことは、（自分の身の安全を守るという意味で）生物学的に見ると正しいことかもしれません。〝賢さ〟の現れといえなくもないでしょう。

ですが、私たちはいったん思考モードに陥ると、往々にして考えすぎ、身動きがとれなくなってしまうものなのです。結果、フットワークが重くなり、**行動や挑戦を先延ばし、あるいはやめてしまう**わけです。

これはとてももったいないこと。**フットワークの重さは、特に人づき合いにおいては致命傷**となりかねません。

たとえば「頼まれごと」にいつまでも着手しなかったり、「すすめられたこと」をなかなか実践しなかったりという姿勢では、「あの人に、せっかく声をかけたのに…」と相手を失望させかねません。

これを**逆に考えると、フットワークを軽くすることで人に恵まれたり、喜ばれたりしやすくなったりする**といえます。

たとえば、目上の人が「面白い」と本をすすめてくれたら、すぐにその本を入手して読み、感想を伝える。そんな行動をおすすめします。

繰り返しますが、できない理由を探すことは、とても簡単です。

でもそれは、あなた自身が無意識のうちに「楽をしたい」と思っているから、脳が必死にその理由を探してくるのです。

もし成功したいなら、より幸せになりたいなら、**「できない理由探し」はやめて、そのエネルギーを「できる方法探し」にシフトして、行動に移してください。**

「どうすればそれを実現できるか」と方法を探し続ける人が、本当に成功する人です。

またそういう人と一緒にいたり、友だちになったりすることも大事です。

目上の人にかわいがられる秘訣①メリットを与える。新たなことに挑戦し続ける

ここから、目上の人にもかわいがられる秘訣についてお話ししていきましょう。

私自身、「いったいどうすれば、そんな人とつながれるの?」と誰もが驚くような方々とご縁をいただいてきました。その上、大変ありがたいことですが、そのつながりは続いてもいます。

ですから、どんな心構えで行動すればよいのか。皆さんにも参考にしていただける部分があるはずです。

まず大前提として、「相手に何かを与えられる存在」になることです。わかりやすくいうと**「わざわざ時間を割いてつきあう価値があるほど、メリットを与えられる人」になること**です。

たとえば「得意な専門分野があり、それについての情報や技術、スキル、サービスなどを提供できる人」になれば、頼られることは間違いありません。

「専門分野のスキルを目上の人に提供するなんて、ハードルが高すぎる！」そう感じる人は、ハードルを少し下げて考えてみましょう。

たとえ、突出した得意分野がなくたって…。**「好奇心が旺盛で、採算度外視で常に新たな事業に挑戦し続けている」。そんな人も、目上の人にかわいがられやすいもの。**

なぜなら、「相手に驚きや知的な刺激を与えられる存在」ですから。それだけでも、だいぶ重宝がられることがあるのです。

「学校をつくるの？　本を出したばかりだというのに、あなたはいつも新しいことにチャレンジしているね！」

「今度は徳島に土地を買ったんだって？　会うたびに違う話をしてくれるねー」

中には、内心で「どうなることやら」と呆《あき》れていたり、心配されている方もいらっしゃるかもしれません。
でも**ほとんどの方が、私の報告を面白がったり、我がことのように喜んだりしながら聞いてくださる**のです。

そんな経験を踏まえて、断言します。

私は突出した技術やスキルはありませんが、「毎回、新鮮な話題を提供しようとする人」は、目上の方が面白がってくれます。

「では自分は相手に何を与えられるのだろう」。その答えは千差万別なので、じっくり考えてみてください。

「相手の悩みに寄り添い、話を聞くことができる」「SNSで迅速なレスポンスができる」「昭和の懐メロをよく知っている」「そこにいるだけで、場を華やかに盛り上げることができる」。こんなことでもいいのです。こうでないと無理というものはありません。一度見つけたら、それを磨き続けてください。

「その人にしか提供できない価値」は、誰にでもきっとあるはずです。

目上の人にかわいがられる秘訣②
簡潔に答える。こちらから提案する

目上の人とのおつきあいするとき。**「わかりやすさ」と「スピード」を重視することをおすすめします。この2つこそ、相手に負担をかけない秘訣**です。

1つ目の「わかりやすさ」からお話ししていきましょう。

自分の表情も、発する言葉も、メールやメッセージの文章も、目上の人に対しては「わかりやすさ」を優先すべきです。

「そんなのは当たり前じゃない？」と思われるかもしれません。でも**「目上の人」とのやりとりになると、緊張もあってか、シンプルに伝えるべきことをわかりにくくさせてしまう人もいる**のです。

たとえば「目上の人だから」と畏《かしこ》まりすぎて、表情まで緊張してしまい、「お会いできて嬉しい」という気持ちを伝えにくくしてしまうことがあります。

「目上の人だから」と丁寧な言葉を使いすぎて、話が聞き取りづらくなってしまう。
「目上の人だから」と敬語を使いすぎて、文章がわかりづらくなってしまう。
「目上の人だから」と気を遣いすぎて、伝えるべきことを伝えられずゴニョゴニョと口ごもってしまう。

①表情、②話し言葉、③書き言葉、④自分の気持ちという4つの要素を、わかりやすく伝えることが大事です。

とはいっても、いきなり全部が完璧にできるようになるのは無理でしょう。少しずつでもいいので、上達していくしかありません。ただ、**この4つを意識しているだけでも、常にトレーニングになるので、以前よりはずっと目上の人とのコミュニケーションが円滑になるはず**です。

2つ目に重視すべきは「スピード」。

たとえば目上の人と待ち合わせなどの約束をするとき。具体的なアポをスピード重視で確定できれば理想的です。これは私も昔から心がけていますが、なかなか難しいものです。徐々に慣れていきましょう。

目上の人から「今度、夜ご飯を食べに行きませんか？」というメールをもらったとします。その場合、「どうすればメールの**ラリー（やりとりの回数）を減らせるか」という方向に頭を使ってみてください。**いろんな方法がありますが、シンプルで割と効果が高いのは、**1回あたりのメールの情報量を多くすること**です。

「イエス」か「ノー」かを伝えるだけで1回のメールを使ってしまうのではなく、提案を盛り込むなどすれば、増えがちなメールの回数を減らせます。

理想的なやりとりは次の通りです。

【ラリーが少ないメールのやりとりの例】

和田さん「恵美子さん、元気？　今度の週末、夜ごはん行きませんか？」

山中「和田さん、お誘いありがとうございます！　元気にやっていますよ。和田さんのご希望の日や場所はございますか？」

和田さん「恵美子さんの都合はどうですか？」

山中「今週の土曜日の19時はいかがですか？　表参道にワインがおいしい◎◎ってお店があるんですけど」

和田さん「いいですねえ。じゃあ、それで。前に話してた本、持ってきますね」

山中「ありがとうございます。楽しみにしてます！」

これは、私が尊敬し仲良くしていただいている人気作家、和田裕美さんとのメールのやりとりです。実際のメールはもうちょっと違うトーンですが、ほぼこのようなノリでやりとりをさせてもらっています。

この文面を見て、何か気づかれることはありませんか。

そう、**私が先回りをして提案を盛り込んでいる**ということです。

「今週の土曜日の19時」というようにまずは日時を提案し、次に「表参道の◎◎というお店」とお店を提案をして返信しています。

このときは、ある程度の親交が既にあり、お互いの好みを熟知し合っているため、割と具体的に絞り込んだ提案ができました。ただ、まだ相手の情報がそこまでない場合でも、もっと広範囲で提案していけばいいことです。

「目上の人に、こちらから提案するなんて失礼」という見方があるかもしれません。

でも、**目上の人ほど予定に追われ、やるべきことが常に山積みで、「考えることを少しでも減らしたい」と願っている**もの。多少ヘンテコな提案でもまずは気にしないで、**具体的なアポを提示されたほうが楽**なのです。

たとえば先の例では、私の提示した19時がまずいようであれば「仕事があるので20時にしてほしい」と返信がくるはずです。

アポを確定させるときは、目上の人の手間を軽くする気持ちで、提案型のやりとりをすることをおすすめします。「何も提案しないこと＝奥床《おくゆか》しい」というわけではないのです。

同じように、目上の人に「何が食べたい？」ともし聞かれたときは、具体的に返答しましょう。

「そんな、私なんかの意見を聞いてもらえるなんて…」とモジモジしていては、いつまで経ってもアポが確定できません。

「中華はどうでしょうか？　今日は濃いものをガッツリいきたい気分なんです。ハンバーグとか洋食、焼き鶏、イタリアンも惹かれますね」

具体的であればあるほど、相手はゼロから考える手間が省けるため、楽になります（この場合、「今日は中華一択です」と答えてしまうと、お店探しに苦労する可能性もあるので、複数の候補を挙げるのがよいでしょう）。

つまり目上の人は、物怖じせずに堂々と自分の意志を主張できる人に好感を持つことがほとんどなのです。

第2章

一目置かれる存在になる

結局世の中は、信用（＝数字）がすべて

第2章では、一目置かれるためにはどうすればよいのか、お話ししていきます。まず「一目置かれる」状態について定義しておきましょう。

周囲からの尊敬を集めたり、「◎◎さんなら」と大事にされたりする状態を、通常は「一目置かれている」と形容しますよね。さらに踏み込んでいうと、社会的な信用を得た結果、特別なサービスを受けていたり、取引をしていたりすることも「一目置かれている」と表現できます。さっそく具体的な話をしていきましょう。

私が「一目置かれたい」と痛感したのは、専業主婦だった私が「塾をつくろう」と決意した直後のこと。熱い思いがあったのに、夢を実現しようとするとさまざまな壁が立ちはだかったのです。

法律上は「個人で塾を開業する際は、開業届さえ税務署に提出すれば、誰でも塾を始められる」ことになっています。資格も学歴も不要。塾を運営するにあたっての設備基準も

ありません。
ですが実際は、何も持っていないせいか信用がないド素人の私にとっては、数多くのハードルが存在したのです。

【5大〝ない〟問題】
①信用がないので、銀行で新規の法人口座をなかなかつくってもらえない
②信用がないので、いい不動産物件を見つけても賃貸契約をなかなか結んでもらえない
③信用がないので、保険会社にあらゆる保険契約をなかなか結んでもらえない
④信用がないので、塾には必須のコピー機のリース契約をなかなか結んでもらえない
⑤信用がないので、本来「後払い」で売ってもらえるはずの教材も「先払い」でしか購入できない

経営者さんや起業経験者さんには、すんなりご理解いただけるかもしれませんが…。仮に多額の現金を持っていたとしても、銀行や不動産屋さんで門前払いをされたり、リース会社や教材業者さんにまともに取り合ってもらえなかったりするのはよくあることなのです。

「この事業はうまくいくはず」「生徒さんは◎◎人来る見込み」などと説明してもダメ。**とにかく世間では〝数字〟がものをいうのです**（今なら「当たり前だろう！」とツッコミたくなりますが）。

具体的には、次のような数字を求められました。

《1》預金残高（現状の個人の銀行口座でも可）
《2》事業実績（塾を開業するということで「合格者数」などの実績をよく求められました）
《3》納税額（その法人の納めるべき税金がいくらか、またきちんと納めたかどうかを証明してくれる「納税証明書」の提出をよく求められました）
《4》3期分の決算書（1期＝1年。つまり3年間の事業の決算書）

《1》については、親に借りた300万円があったのでなんとかクリアできました（これについては、あとでお話ししますね）。

しかし《2》～《4》については、どうあがいても用意のしようがありません。それらは、ある程度の年月をかけないとクリアできないものだからです。

要は、世の中では事業実績や納税額や決算の数字こそが〝社会的信用〟で、それらの**数値が高いと「一目置かれる」ことにつながる**のです。30代半ばになって、私はようやくそんなシビアな現実に気づかされました。

「私って、家から一歩外に出ると本当にちっぽけで何もできない存在なんだ…」、そう突き付けられたようで、唖然《あぜん》としました。どれだけ傲慢だったんでしょうね（笑）。

そして、信用を積み重ねて自分で事業を営み、社会のルールに則《のっと》って仕事をして対価を得ている人たちのすごさを改めて痛感したのです。

「私も、早く数字を出せるようになって、一目置かれる存在になろう」。そんな思いで走り始めました。

このように仕事では、経営者はもちろん、サラリーマンでも数字が問われます。数字を持たない社員の声は、社内でもなかなか聞いてもらえないことは往々にしてあります。なぜ数字が必要なのかというと、既に申し上げた通り数字が信用を生むからです。

プライベートでも数字があるに越したことはありませんが、仕事よりも数字に頼らないで済む比率は高まるでしょう。いずれにしても、**数字を使わなくても信用がないと厳しいことはプライベートでも同じ**です。

トリッキーな戦術でもいいから、トップを獲る

前項でお話しした「銀行の法人口座を開けない」「不動産屋さんに賃貸契約を結んでもらえない」「コピー機のリース契約を結んでもらえない」などの「5大〝ない〟問題」は、数多くの業者さんを回り、頭を下げ続けることでなんとか解決しました。

「開業届さえ税務署に提出すれば、誰でも塾（事業）を始められる」。そんな知識はありましたが、実際に挑戦してみると、とんでもない。「高いハードルがこんなにあるなんて！」と驚かされました。

そこでめげずにいい業者さんに巡り合えるまで奔走《ほんそう》し、1つ目の塾の開業までなんとかこぎつけたのです。

しかし、この「信用」の問題は私にしばらくつきまといます。

1つ目の塾をやっとの思いで開いたところ、口コミのおかげで生徒が殺到し、あっという間に売上が立ちました。それだけではありません。順番待ちの入塾志望者が数十人とい

うレベルで出たのです。

嬉しい反面、それは大きな悩みにもなりました。なぜなら、お待たせしている間に他の塾に乗り換えられてしまう可能性もあるからです。

贅沢な悩みですが、1つ目の教室をスタートさせた直後から「2つ目、3つ目と教室をつくって塾を拡大せねば」という状況になっていました。


そこで再び立ちふさがったのが「信用」の問題です。「②信用がないので、いい不動産物件を見つけても賃貸契約をなかなか結んでもらえない」「③信用がないので、保険会社にあらゆる保険契約をなかなか結んでもらえない」という問題が再燃しました。

その頃の私は、次のような思いでいっぱいでした。

「信用がなくても取引をしてくれるところ」を探し回る人生は、もうイヤだ。

それより「相手が喜んで取引をしてくれるような人生」を送りたい。

「相手が喜んでかかわってくれるような、一目置かれる存在」になりたい。


そのために、どうすればよいか一生懸命模索しました。結果、頭に浮かんだのが**「信用がないなら、ナンバーワンを獲る」という方法**でした。

社会的信用とは、一朝一夕に築けるものではありません。それなら、**多少トリッキーな手法ではありますが「何かでトップになって、信頼してもらおう」と考えた**のです。

辞書によると**「信用」**とは、過去の行動や成果を評価して「確かなものである」と受け入れることを指します。

一方**「信頼」**とは、ある人物に対して、未来の行動を信じて期待することを指します。

つまり私は「信用をつくるのに時間がかかるのであれば、信頼される人になろう」と思い立ったのです。

そして**「信頼」されるために、わかりやすい実績をつくろう**としました。そこで気づいたのが「ナンバーワン」になることです。

世の中には、さまざまな〝権威〟が存在しますが、「ナンバーワン」という称号ほどわかりやすいものはないでしょう。

また、**対象とする範囲を変えれば、「ナンバーワン」になるのはそう難しいことではありません。**

たとえば「国内売上ナンバーワン」になるのは難しくても「県内売上ナンバーワン」を

実現するのは（理論上）比較的容易になるはずです。

「市内売上ナンバーワン」なら、だいぶハードルが下がって、ちょっとの頑張りで到達できるのではないでしょうか（ジャンルにもよりますが）。

でも市内での「ナンバーワン」でも、れっきとした「ナンバーワン」。対象とする範囲の差こそあれ、偽りはありません。多くの人が一目置いてくれる正真正銘の「ナンバーワン」です。


そう考えた私は、ローカルレベルでもよいので、とにかく「ナンバーワン」を目指すことにしました。

近隣の塾をリサーチしたところ、私が住んでいた兵庫県西宮市では大手のA塾が12の教室を運営していると知りました。そこで私は「A塾を上回る13の教室を西宮市に出そう」と決めたのです。

開業から4年で、ごく狭いエリアに4教室を出していたので、残りの9教室を急いで出しました。そして**「西宮市の教室数」というニッチなカテゴリーではありますが、「ナンバーワン」を獲得することに成功**したのです。

おかげで、**それからは各方面から信用を得て、私の塾は全国的にも「一目置かれる存**

在」へと成長していきます。

実際「ナンバーワン」という称号があると、あらゆる取引がスムーズになったものです。

銀行などの金融機関はもちろん、リース会社や教材会社の業者さんの態度も一変。生徒さんも多く集まってくれるようになりました。その後は関東にも進出し、8年間でなんと30教室に達したのです。

そんな全国展開に弾みがついたのは、「西宮市で教室数ナンバーワン」という称号を獲得したからだと、自分なりに分析しています。

ここで本音を明かしておきましょう。「西宮市で教室数ナンバーワン」になりたいがために、ほかの数字についてのこだわりは、正直なところ〝捨てて〟いました。たとえば「教室数」は13でしたが、各教室の「生徒数」にムラがあったのは事実です。

ですが「教室を多く出すこと」に意味がある、と捉えていたのでそこは目をつむりました。やがて教室間の生徒数の不均衡は解消されると思っていたからです。

頭のよい経営者さんや投資家さんから見ると、私のこんなやり方はビジネスの王道ではないし、トリッキーに映ることでしょう。それでも仕方がありません。当時の私には相談できる相手もいませんでしたし、何より「そうするのが最上の策」と思えたからです。そもそも支援者でもない赤の他人に「そのやり方はおかしい」と笑われることに、私は何の抵抗もありません。

大事なのは、自分で最適解を見つける力を養うこと。「私のやり方って、普通ではないの？」なんて気にする必要はありません。もちろん相談できる相手がいれば最高ですが、当時の私には何の後ろ盾もありませんでした。**自分の身の丈に合ったサバイバル術を見つけ出すこと、そしてそれを信じてやり抜くこと。この2つさえクリアすれば、ほとんどのことは実現できます。**「無理かも…」と思うことも、案外できたりすることがあると思いますよ。

「数字マウント」からは卒業しよう

ここまで、社会的信用（＝数字）についてお話ししてきました。

8年間で塾の教室をゼロから30にまで増やした経験は、私の大きな自信になってくれました。

ですが、**世の中から信頼や信用を得られるようになり、味方も増えた今、数字に対する思いが変わってきた**ことも事実です。

塾の教室を増やしていた時期、とにかく一番になりたかった時期は〝数字第一主義〟。実績を重ねることを人生の最優先事項にしていました。でも、経験を積んだ今は「数字がすべてではない」という考えに落ち着いてきています。

それは〝**数字をマウンティングの道具にする人**〟**を多く見てしまった**せいかもしれません。

私の場合、数字を追いかけたのは、取引先からの信頼を得るためでした（そうしないと、不動産の物件もコピー機も貸してもらえなかったからです）。

また、嫌がらせの工作をねちねちと仕掛けてくる競合他社と大きく差を開け「いじめられないほど、圧倒的な存在」になるためでした。

要は、**自分の身を守り、生き抜くために数字を追いかけていた**わけです。

ですが、おつきあいする人が増えるにつれ、仲間うちでマウンティングをとったり自慢したりするために、数字を見せびらかしている人にお目にかかるようになったのです。

その**代表例が「私の月収は7桁です」などと収入を自慢する人。**

そんな人たちに、伝えたいことがあります。

特に、「私の月収は7桁です」などと「収入を自慢する人」については、その言い回しに数字のトリックが潜んでいることが多いもの。はっきり申し上げると「収入が多くても所得が低い人」は珍しくないので、要注意です。

「収入」を得るには、たいていの場合は「経費」がかかります。「収入」から「経費」を引いて残った額が、「所得」。ですから、たとえ「1か月あたりの収入が7桁(=数百万円)」というレベルであっても「経費」が多額であれば、「所得」は途端に少なくなります。

極端な例でいうと、1か月でたとえ900万円の収入があったとしても、「経費」が890万円かかっていたら、単純計算で「1か月あたりの収入」は10万円になります。ですから「月に◎桁稼いでいます」などという言い回しに、心を動かされないでほしいのです。

では「本当に稼いでいるかどうか」を測るにはどうすればよいのかというと、「納税額」

がよい指標となります。前にもお話ししたように、さまざまな契約をする際は「納税額」を聞かれることが多いのですが、それは非常に理に適っています（72ページ）。

個人事業主も、株式会社などの法人の場合も、納税額を記した納税証明書は発行されます。

ですから、私はあまりのマウントに嫌気がさした場合、「あなたがそんなに儲けているのなら、納税額を見せて証明してください」と心の中で思ってしまうこともあります（笑）。

そもそも、法人が支払うべき税目は多岐にわたるものです。条件や環境や規模によって変わりますが、法人税、法人住民税、法人事業税、固定資産税、自動車税など、挙げていけばたくさん出てきます。

これだけ多岐わたる納税を毎年続けている人は、安易に「私の月収7桁です」などと言いふらすことはしないものです。逆に「そんなことを自慢するなんて恥ずかしい」と、常識的な感覚をお持ちの方ならそう思うでしょう。

そんな人たちのトリックに満ちた言い回しに惑わされる必要はありません。甘い話に誘惑されないよう気をつけてくださいね。

経営者寄りのビジネスの話が続きましたが、**数字に振り回される危険性という意味では前に申し上げたSNSのフォロワー数も通じるところ**です。数字は大事ですが、数字によってもっと大事なことが見えなくなることは本末転倒であり、リスクがあります。

テレビ局からのオファーを殺到させる方法

私が開発したメソッド『瞬読』は、おかげさまで数多くのメディアに取り上げられてきました。たとえばテレビの人気番組への出演歴は、先述した通り枚挙にいとまがありません。

『教えてもらう前と後』(MBS/TBS系列)、『土曜はナニする!?』(関西テレビ/フジテレビ系列)、『朝生ワイド す・またん!』(読売テレビ)、『おはよう朝日です』『newsおかえり』(朝日放送テレビ)、『Newsモーニングサテライト』(テレビ東京)…。これらは一部です。

また「人気タレントさんに『瞬読』を実際に体験してもらい、その効果を測る」という企画も、何度も放映していただきました。開発者として、これほど嬉しく光栄なことはありません。

テレビ番組とは、公共の電波を使って放送されるもの。つまり公益性が高くなければ、取り上げられることはありません。ですからテレビ番組に出演したり、お声がけをいただいたりすることは、非常に価値あることなのです。

では いったい、どうすればテレビ局から取材のオファーをいただけるのか。私の手の内を明かしておきましょう。

まずお断りしておきたいのは、お金やコネなどの力ではないという事実です。

「テレビに出演したい」という目標を掲げてコンサルタントを頼り、結局150万円をムダにしたエピソードは、第1章でお話ししました（54ページ）。

そのときは、「テレビ業界にツテがあるので仲介ができるかもしれない」という言葉につられて契約をした私ですが、実際はどのメディアの取材にもつながりませんでした。

このエピソードだけでも、お金やコネなどでどうにかなる話ではない、と納得いただけますよね（笑）。

では、いったいなぜテレビ局からお声がかかったのかというと、私のSNS上での発信がきっかけでした。FacebookやYouTube、Twitter、Clubhouseなどに、動画や写真、文章などをこまめに投稿していたおかげでしょう。それに目を留めた業界関係者がオファーをくださったという形が100％なのです。

特に裏ワザめいたことはしていません。SNSでの発信ですから、誰でもできることです。日頃のSNS活用がいかに大事か、ご賢察いただけることでしょう。

もし私がSNSに力を入れていなかったら、テレビ出演など夢のまた夢だったはず。ですから、発信しないと〝損〟なのです。

「忙しい」「恥ずかしい」「面倒くさい」などと感じた時点で、メディアに取り上げられる可能性はぐんと下がります。たとえ、その人にどんなに素晴らしい能力や業績があったとしても。**現代では、見つけてもらうための努力が必須**なのです。

とはいえ**「マスコミ取材狙いの発信」は、あまりおすすめできません**。逆説的に聞こえるかもしれませんが、メディアのウケだけを狙うのは危険です。

なぜなら、「こんな発信はウケるだろう」という読みが外れる可能性も高いから。

また、ウケ狙いばかりしていると、自分の期待値が高まりすぎ、すぐに結果が出ないと疲労や不満がたまり、「もうやめた」と、モチベーションが突然保てなくなるリスクもあります。

それより**「読んでくれる人（視聴してくれる人）は、しっかり喜ばせること」に意識をフォーカスするほうが健全**でしょう。

実例も挙げておきましょう。

「音声SNSのClubhouse上で知り合ったOさんが、実はテレビ番組のリサーチャー（取材先などを探す職業）をされており、『『瞬読』創始者の山中恵美子さんという人が面白い』と、企画会議で推薦してくださり、出演オファーにつながった」。そんな嬉しい出来事がありました。

でも私は、Oさんに対してはもちろん、ほかの誰にもそんな期待をしたことはありません。下心を抱いたことも皆無です。Clubhouseでは「Oさんや視聴者さんが喜んでくれれば」ということだけを考え、お話ししていました。

ですから「取材されたい」「とにかくテレビに出たい」というような執着を手放すことは本当に大事なのです。「見返りとして何かをしてもらおう」という下心は捨てる。これはテレビに出たい以外でも当てはまる大事な考え方です。

SNS以外でテレビに出たきっかけになったのは、口コミでした。受講生や私のセミナーを聞いた人が、『瞬読』や私のことを口コミで広めてくださったと聞いています。

以上から、我執にとらわれすぎず、「目の前にいる人たちのお役に立てられれば嬉しい」というマインドで発信し続けることを強くおすすめします。

ここで少し想像してみてください。もしあなたが神様なら、「有名になりたい」と我欲にまみれた人よりも、利他的な発信（有益な情報のシェア）をコツコツと積み重ねている人を応援したくなりませんか？

それとまったく同じこと。この世は、そんな流れになっているのです。

叩かれる覚悟はしておこう

SNSの発信を頑張った結果、フォロワーやファンが増え、コメントやメッセージのやりとりが活発になり、ネット上で一目置かれる存在になってきたら、楽しいものです。リアルでの交流や仕事が増えるなど、嬉しい変化も起こるでしょう。

そんな時期に、気をつけてほしいことがあります。ネット上でバズればバズるほど、名前が知られるようになればなるほど、悪口を言われたり、批判をされたり、憶測で噂をされたり…という出来事が増えてきます。

特にテレビ出演などが相次ぐと、一気に認知が広がるせいでしょうか、あることないことで叩こうとする人たちが現れます。

これぞまさしく〝有名税〟（有名になった結果、知名度と引き換えに代償としてさまざまな問題が生じること）です。

とはいえ、あなたはそこで怒ったり、悲しんだりする必要はありません。また反論や、釈明《しゃくめい》もいりません。「売れたら、叩かれるものなのだ」。冷静に、そう捉えてください。

「名前が知られること」と「叩かれること」は表裏一体。あなたの実績が高く評価され、目立っているから（＝成功しているから）、一定数の人たちに叩かれるのです。

もしあなたが成功していなかったら、SNSを顔出しでやっていなかったら、そもそも何の活動もしていなかったら…。叩かれることなんて、永遠になかったはずです。

ですから**「叩かれて当たり前」というマインドを、成功する前からつくっておきましょう。**そんな心の準備をしていれば、いつ有名になっても最初からだいぶ耐えられる状態になっています。

ちなみに**売れる瞬間は、突然やってきます。**それまでコップに注いできた水が、ある瞬間に溢れ出すイメージです。だから、売れる前から叩かれる覚悟が必要なのです。

アンチが増えたら喜ぼう

そうはいっても、自分に対する誹謗中傷《ひぼうちゅうしょう》や批判など、悪口の類は気になりますよね。悪口対策についても伝授しておきましょう。

「悪口を言われている」と気づいたら、まず次のようなマインドにこっそり切り替えることをおすすめします。

ちょっと厚かましいところがあるかもしれませんが、ユーモアに満ちた視点で人間関係を見つめ直すことで、ネガティブな感情にとらわれにくくなります。

【〝うぬぼれ〟で悪口を忘れる方法】

①私（僕）のほうが美人だから（かわいいから／イケメンだから）、悪口を言われても仕

方がないなぁ…。
②私（僕）のほうがお金持ちだから、悪口を言われても仕方がないなぁ…
③私（僕）のほうが成功しているから、悪口を言われても仕方がないなぁ…
④私（僕）のほうが仕事ができるから、悪口を言われても仕方がないなぁ…
⑤私（僕）のほうが満たされているから、悪口を言われても仕方がないなぁ…
⑥あの人はきっと、私（僕）に憧れてくれているファンなんだ。ありがたい！

①〜⑤は状況によって変わりますし、少し違うものに変わることもありますが、最後は⑥で締めくくるのがミソです。

これらのフレーズが事実でなくても構いません。現実をこのように捉えてみることで、怒りや悲しみが少しは和らぐはずです。

また**口に出して言うのも効果的です。脳には、聞いた言葉を（たとえ虚偽の言葉だとしても）「真実」だと思い込む性質が備わっているから**です。

「私のほうが美人やから、みんなに悪口言われてもしゃあないなぁ」
「あの人、アンチのフリして、ホンマは私に憧れてるねんなぁ」
こんな独り言を何度か繰り返すうちに、さらりと水に流せるはず。

悪口の内容を何度も反芻《はんすう》したり、「どういう意味なんだろう」と詮索《せんさく》したり、「もっと他にも悪口を広めているのではないか」と想像したりするのは避けましょう。なぜなら、**悪口は心に大きな悪影響を及ぼす**からです。

私には以前、「悪口」に気づいたことがきっかけで人間関係に不信感を抱き、「誰ともつきあいたくない」とまで思い詰めてしまった時期がありました。

でも、それではどんどん交友関係を狭めて自分を孤独に追い込むだけ。前に挙げた方法で、自分の心を守っていきましょう。

「悪口を言われた」と気づいた際の最悪の対処法は、「反論（仕返し）してやろう」と思うこと。憎しみや怒りからは何も生まれません。

それよりも、かわいらしい〝うぬぼれ〟やユーモアのほうが、あなたの品位を保ってくれますよ。

また「悪口をよく言われている有名人」や「悪意をもった報道をされがちな著名人」を思い出すのもおすすめです（自分が憧れている人や好きな人であれば、なおよしです）。

たとえば、某実業家のTさん。TさんのSNSを拝読していると、表面的な言葉尻をつかまえて批判をしている人や、悪意に満ちたコメントを投げつけている人も、ちらほらお見かけします。いわゆる「アンチ」(特定の個人を嫌う人)でしょう。

アンチの人たちは一見、Tさんに反発しているかのように見えます。ですが見方を変えると「Tさんのことが、本当は好きで好きでたまらない人たち」なのです。**もしTさんに本当に興味がなかったら、Tさんに何もコメントしないですから。**

本人からの反論がほしい、要は構ってほしいから、あえて批判的なコメントを投げつけているわけです。

また、Tさんにアンチが湧いてきてしまうのは、ご本人が成功され、活躍し続けられているからです。何も活動をしていない人には(ファンどころか)アンチすら湧いてこないものですから…。

つまり、ポジティブに考えると、アンチが湧いてこそ、その人は成功者、有名人であるのです。

もう1人例を出すと、作家のIさん。彼女は有名ゆえに、何をやっても叩かれます。結婚しては叩かれ、離婚しては叩かれ…。

しかし、そんなアンチが多数存在するということは、多くの人に憧れられているということ。

「かわいくて、賢くて、お子さんもいる。結婚も離婚も自分で選べるし、どんな状況になっても仕事が途切れず、世間から注目され続けている」。そんなIさんのことが、みんな羨ましくてしかたがないと思います。

いかがでしょう。悪口を言われて凹んでいた人も、気持ちが前向きになってきませんか。アンチは憧れられている証拠。悪口を言われることは、成功者への第一歩です。

ちなみに私自身は「人の悪口は絶対に言わないこと」を信条にしています。自分自身が幼少時代に、悪口を言われて嫌な目に遭ったからかもしれません。

ですが、「悪口を言うのに抵抗がない人」に遭遇することは、しばしばあります。確かに、悪口を言った瞬間は気持ちがスカッとするのかもしれません。しかしあとで絶対に我が身に跳ね返ってくるもの。だからマナーとしても、また自分のためにも、絶対に言わないほうが得策だと考えています。

ありがちな属性も掛け合わせれば、唯一無二の存在になれる

仕事を頼まれたいとき、集客をしたいとき、何かを売りたいとき、話題を集めたいとき…。要は成功したいとき、「◎◎さんだから」という存在になっていることは大事です。「◎◎さんに任せれば安心」「◎◎さんが言うのだから間違いない」。

そんなイメージが定着している〝突き抜けた人〟を、本書では**〝ブランド人〟**と呼ぶことにします。

その専門分野が、たとえニッチなものでもかまいません。一つのことに突出した〝ブランド人〟になっておけばビジネスはもちろん、人間関係もうまく回り出します。

わかりやすい例が、堀江貴文さん、そしてROLANDさん。このお2人については、経歴の説明など不要でしょう。誰もが「あぁ、あの方ね」と顔を思い浮かべ、「彼がそう言うのなら、そうだよね」とすぐに納得できる。

それほどの強い説得力の持ち主が、〝ブランド人〟です。

「彼の最近の仕事は?」「SNSフォロワーはどれくらい?」などと確認するまでもない。「◎◎さんと似てるよね」というようなキャラ被りもない。つまり**唯一無二の存在**であるわけです。

当たり前の話ですが、そんなレベルにまで到達すると、人生は無双モード。もちろん、このお2人の域にまで達するのは大変なことですが、方向性としては意識をしたほうがいいでしょう。

わかりやすくいうと、圧倒的なブランド力の前には、次のような経歴(一部実績も含む)は、吹っ飛んでしまうものなのです。

①生まれ(両親の職業など)
②学歴
③職業(勤務先の社名など)
④肩書き(部下の数など)
⑤保持する資格
⑥年収・月収(もしくは本人が経営する組織の年商や純利益など)
⑦顧客数

⑧SNSのフォロワー数

もちろん、駆け出しの人の場合は最初からこれらの経歴なしで世に出るのは難しいでしょうから、一時的に利用をするのはアリでしょう。

たとえば「ヒッチハイクをする際に、東大生だと言うとドライバーがすぐ信用してくれた」と堀江さんが著書に書かれていましたが、そんなブランド活用法は合理的です。

ただ、その後のご本人のご活躍が素晴らしすぎて…。たとえば「東大現役合格者」という堀江さんの学歴については、もう誰も言及しませんよね。それが、ブランド力というものです。

この話をすると、よく質問をいただきます。「とはいえ、私には世間一般に通用するような経歴なんてありません！」と。

大丈夫です、私を見てください。私も36歳で塾を開業する前は「ないない尽くし」、誇れる経歴は何も持っていませんでした。ですが「小学生の母親」という**「ありがちな属性」ではありますが、やりたい夢を掛け合わせて、唯一無二の強みに変えていった**のです。

世に、優秀な塾経営者はごまんといます。でも「小学生の母親」×「塾経営者」という組み合わせは稀有だったのです。今風にいうと「母親枠は空いていた」わけです。それが差別化となり、成功へとつながりました。

そして今では「子育て経験者」×「塾経営者」×『瞬読』創始者」×「本の著者」×「EMI高等学院学院長」。5つの要素を組み合わせることで、よりレアな人材に近づけている気がします。

また、私の秘書のNは、幼いお子さんの子育て中ですが、この掛け算によって独自のキャリアを築いています。

「看護師免許保持者（元看護師）」×「現役子育てママ」×「株式会社瞬読のスタートアップ経験者」。

彼女の複数のタイトルを見るだけで「いったいどんな人？」「世の中を広く知っていそう」「人の心をつかむのがうまそう」「時間の使い方がうまそう」と、興味が湧いてきませんか？　これこそ、現代のブランディングなのです。

つまり「◎◎大学を出ました」「◎◎の資格を持っています」というだけでは、埋もれてしまうわけです。重層的なキャリアを戦略的に築いていきましょう。

面白いことにこの掛け算をするときは、ありふれた属性でも、強みとして働いてくれることがあります。たとえばひと昔前は、キャリアを積み重ねようとすれば、「母親」という属性はマイナスのイメージがあったはず。でも今は違いますよね。

また新規ビジネスを考える際も、この掛け算の法則をうまく取り入れてみてください。「不登校の子たちがのびのびと力を伸ばせる居場所をつくりたい」。そんな思いに駆られたとき。私は必死に考えました。

「通信制」の高校は、全国に既にいくつもありました。そこで、掛け算方式で攻めることにしました。

「通信制高校のサポート校」×「メタバースを学べる」。この組み合わせは世になかったのです。

あなたも**「掛け合わせの妙」を楽しみながら考えてみてください。それがセルフプロデュース**です。

「突き抜けた一芸」「突出した才能」がなくても大丈夫。掛け算によって唯一無二の存在になれることがありますから。それこそが、**競合と争わずに勝つコツ**です。

地味な活動の継続が持つ莫大《ばくだい》なパワーを侮るなかれ

あなたは「どうせ誰にも見られていないから」という理由で、やるべきことをサボっていたり、手を抜いたり、悪いことをしてはいませんか？

「お天道様が見てる」という言葉をご存じでしょうか。人間の悪事に対して「ほかの人間が誰も見ていなくても太陽はきちんと見ているのだから、どんな時でも悪事をはたらいてはいけないよ」と戒《いまし》める言葉です。

私も最近、この言葉の意味を嚙《か》みしめるようになりました。なぜなら、長年生きてきた中で、次のような人を何度か見かけることがあったからです。

- 「当事者がいないところで、ここぞとばかりにその人の悪口を言いふらす人」
- 「周囲に誰もいないことをみはからって、意地悪をする人」

いずれも許しがたい、卑劣な行為。即刻改めて、かわりによい行いを積み重ねていきましょう。それはSNSにアップしたくなるような「映える行動」でなくてもかまいません。

たとえば「自宅の周りを毎朝掃除する」というような行動は最高です。

実際、私の周りでもそんな習慣を続けている人を何人かお見かけしたことがあります。そんな人たちが「心のきれいな人」であるのは、間違いないでしょう。

こういった「見せるためではない行動」を続けることが、その人の〝芯〟となっていくのだと思います。つまり継続力こそ、強みになるのです。


私の場合は「15年間塾をつぶさずに、地道に運営してきた」というキャリアが、一番の芯だと自認しています。

もちろん、もっと**些細なことでかまいません**。

「毎朝、5時に起きて体操をしている」「毎日、何があっても玄関だけはきれいに掃除をしている」など、自分で決めたルーティンを守り続けることをおすすめします。

自分との約束を守ることで、自信をつけたり、自己肯定感を高めたりすることができるからです。また**信頼や尊敬や賞賛など、なかなか得にくいものを手に入れることもできます。**

別に説教のつもりで言っているのでも、きれいごとを並べているのでもありません。**ちゃんと見返りがある**のです。

たとえば、私は毎朝5時に起きて「自身のオンラインサロン内での朝活（ネット上で仲間を募り、ライブ配信をすること）」を続けています。

これはコロナ禍に入る2年半前から始めたルーティンで、2023年10月に1000日目を迎えます。「どんなときも、毎朝みんなが集える場をつくってくれてありがとう」「やめずに続けてくれて感謝しています」など、多くの方からお礼を言ってもらえるようになりました。

つまり「朝活」という地味にも見えそうな営みも、根気強く続けることで、人から一目置かれることにつながるのです。

〝終わらないレース〟には参加しない

一目置かれたいとき、自分を大きく見せようとする人は多いものです。わかりやすいのがSNSという〝土俵〟。さまざまなSNSで、多くの人たちが〝最高の自分〟を前面に出してアピール合戦を繰り広げています。

ですが、**そんなことを続けていると、やがて疲れ果ててしまいかねません。**理由は明快。

そこでは**終わりなきマウンティングが繰り広げられているから**です。

「五つ星ホテルのこんなゴージャスなスイートルームを、よく利用しています」

「こんな贅沢なフルコース料理を、よく食べています」

「こんな高価な高級時計を、愛用しています」

「こんな高級車を、また買いました」

「こんな著名人たちと、華やかな社交を楽しんでいます」

「こんなにリッチで優しいパートナーに、愛されています」

「こんなにたくさん、私の作品が売れています」


例を挙げ出すとキリがありませんが、このような「私ってすごいでしょアピール」はSNS上に溢れかえっています。

あなたはそんな投稿を見たとき、どう感じていますか。「なんて羨ましい」と悔しがったりしていませんか？　もしかして「負けないように投稿しなくちゃ」と張り合ったりしていませんか？

私がおすすめしたい姿勢は、そのどちらでもありません。なぜなら、「自分が持っている幸せ」を張り合うレースには、終わりが存在しないから。そこには**「人が見て、うらやましいと思うかどうか」という評価軸しかない**ため、本人がいつまでたっても充足できないからです。

たとえば「フェラーリを新しく買いました！」と投稿したとします。一定数の人たちからは、確かに「羨ましい」と思われるかもしれません。

ですが、一口に「フェラーリ」といっても数多くのモデルが存在するもの。たとえば人気が他より低いモデルから最高級の車種まで、「フェラーリ」の中にもヒエラルキー（序列）があるわけです。そこで上を見てしまうと、「もっと上へ」という欲求に苦しめられることになります。

また、たとえ最高級の車種を手に入れたとしても、それで〝上がり〟ではありません。フェラーリオーナーの中では、「これで◎台目」などのまた別の序列があり、レースはまだ終わりません。そんな戦いの続く世界では、「もっともっと」という心理が働き、心はなかなか休まらないことでしょう。

このような底なしの欲求に苦しめられる状態は、**フォロワー数や動画の再生回数の増加**

を願う状態と通じるものがあります。

たとえば「1万人」の壁を超えたら、「次は10万人を突破しなければ」と焦ってしまう。10万人を超えたら「100万人を獲得して、記念の盾をもらわなければ」と駆り立てられてしまう…。

永遠に続くレースは、実はさまざまなところにひそんでいます。ですから可能な限り、**そんなレースからは降りることをおすすめします。あるいは「最初から参加しない」という姿勢がよいでしょう。**

もちろん「今は、名前を売らないといけないから」と、SNSに躍起《やっき》になる気持ちもわかります。

そんな場合、**「SNS上での活動」と自分自身の幸せとは、本質的に関係がないと冷静に認識する**といいでしょう。

そして、自分自身を満たす時間を意識的に確保しましょう。自分自身が「心地よい」「気持ちいい」「嬉しい」と心底感じられる瞬間を増やすのです。こうすることで、評価軸が「他人本位」から「自分本位」に戻ります。

そんな瞬間が増えれば増えるほど〝真に幸せな状態〟へと近づいていきます。**自分自身**

が〝真に幸せな状態〟に近づけば、周囲の人を満たすことも容易になります。

結局「私ってすごいでしょアピール」は、誰を満たすこともしません。周囲にマウントをとっているだけで、誰の役にも立っていないのです。

また「私ってすごいでしょアピール」に多くのエネルギーを割いていると、**お金や時間など自分のリソースは確実に減っていきます。**背伸びをしているわけですから、当たり前です。ですから、疲弊しきってしまう前にレースから降りましょう。そして、自分自身を本当に満たす道を見つけてください。

要は、自分で自分の首を絞めるのをやめることです。〝終わりなきレース〟から降りるとラクになります。自然体で生きられるわけですから当然です。本当の意味で、満たされるようになります。すると心にも余裕ができるため、誰に対しても優しくなります。

結果的に周囲からの印象をアップさせることができて、一目置かれる存在へと近づいていきます。

弱点はさらけだす

「自分の弱みは隠さなきゃ」、あなたはそう思ってはいませんか？

「自分に欠けている能力や、自分に足りない事柄なんて伏せるのが当然」。多くの人が、無意識のうちにそう考えているように見受けられます。

　例を挙げてみましょう。

「英語を勉強せずにきたから外国人に話しかけられるのが怖いけど、後輩にはそんな弱点を知られたくない」

「今回は制作費をあまりかけられないけれど、取引先にはそんな内情を明かしたくない」

「昨年、わが部署は大きな損失を出してしまったけれど、新入社員には悟られないようにしたい」

「書類の作成が苦手でよく叱られているけれど、憧れの人にはそんな欠点を伏せておきたい」

　つまり〝弱み〟があることで、自分の権威が失墜《しっつい》したり、相手からの評価が下がったり、愛されなくなったりしてしまうと捉えている。だから、自分の価値を下げないために〝弱み〟がないフリをしたくなる…というわけです。

その心理は私にもよくわかります。「できることなら、完全無欠の超人的なヒーローであり続けたい」と願うのは、当然のことでしょう。ですが私もさまざまな経験を積み重ねてきて、ようやくわかりました。

〝完全無欠の存在〟になることなんて、誰にとっても不可能です。

もちろん〝完全無欠の存在〟を目指し、努力し続ける姿勢は立派です。でも、必ずどこかで無理が生じるはず。

それに、よく考えてみてください。「自分には弱点なんてない！」と強気に振る舞っている尊大な人に、魅力を感じるものでしょうか。「ついていきたい」と思うでしょうか。人として尊敬したくなるでしょうか。

私がおすすめしたいのは「完全無欠志向の生き方」ではなく、**「できないことをあらかじめ公言しておく生き方」**です。最初から「期待されない人」を目指すのです。

すると、**自分自身に過剰な負荷をかけずに済みます。**

また〝できないこと〟やミス、失態が万一周囲に露呈しても。「あの人は、◎◎が苦手な人なんだから仕方がない」と**大目に見てもらえます。**

さらにいうと、「できない」「苦手」と公言していたことが、**うまくできたとき。評価が著しく上がる**ことになります。たとえば、次のように好意的に解釈をしてもらえることになります。

「『できない』って言っていたけれど、本当は上手なんですね！」

「苦手というのは、謙遜だったんですね！」

以上から、自分に対する周囲からの期待値を〝低目〟にコントロールしておくことをおすすめします。

たとえば「家事が苦手」と公言しておけば。お客様を自宅に招いたとき、家の中をちょっときれいに整え、手料理を少し出すだけで「すごい！」と称賛してもらえます(笑)。ただし、やり過ぎにはご注意を…。

要は、人は「ギャップに弱い」ということ。

〝一見、ワルそうな不良少年〟が、電車の中で年配者に席を譲れば、好感度が爆上がりします。また〝いまどきのギャル〟が道端のゴミを拾っても、同じことです。

反対に、スーツをビシッとキメた紳士が、タバコのポイ捨てをしたらどうでしょう。過剰にがっかりしませんか？　「真面目そうなフリして、陰では結構ひどいことしてるんじゃないの？」とありもしない評価を下されることもあります。

人は相手に対して勝手な幻想を抱くもの。この習性は変えられません。ですから、**その習性を逆手にとって、自分の印象をアップさせていきましょう。**

「◎◎が苦手」「◎◎ができない」と公言することは、あなたのイメージを守り、評価を高く保つことにもつながります。

「◎◎が得意」「◎◎ができる」という積極的なアピールが有効なときも、例外的にあるかもしれません。でも、あとから「実際はそうでもないねぇ」と落胆されるマイナスの可能性があることを覚悟しておいてください。

人に動いてもらう

第3章

褒《ほ》め言葉は逆効果になることも

人との距離を縮めたいとき、相手に好印象を与えたいとき、かわいがられたいとき、仲良くなりたいとき。

あなたはどうしていますか。

まさか、ありきたりの褒め言葉を並べ立ててはいないでしょうか。「素敵ですね」「かわいいですね」「かっこいいですね」「すごいですね」。このような**〝誰にでも当てはまる言葉〟を言われても、相手の心には刺さりません。**

世の中には「褒められ慣れている人」も多いもの。その場合「この人も、見え透いたお世辞を言う人だな」と、低く見られてしまう危険があります。

ではいったいどうすればよいのでしょうか。

私がおすすめしたいのは、**褒め言葉ではなく行動で好意を示すこと。**それも、**相手に貢献できるようなアクションをする**ことです。

もちろん、そのほうが褒め言葉を言うより手間がかかります。でも、考え方を変えてみてください。「手間がかかる」から、いいんです。だからこそ、相手に喜ばれるのです。

例を挙げておきましょう。

私は中学・高校時代、周囲の子たちとうまく共存していくために、「相手の役に立つこと」を常に探して実践していました（7ページ）。

たとえば、授業の板書をきれいにわかりやすくノートに記録することを、常に自分に課していました。中間・期末などのテスト直前期になると、多くの子たちがノートを借りにくるからです。

「授業をあまり聞いていない子でも、こう書いておいたらわかりやすいだろう」などと工夫を凝《こ》らし、丁寧にノートをとるのです。そしてテスト前になると「ノートを見せて」と頼んでくる子たちに、私は嫌な顔一つせず、自分のノートを差し出していました。それが非常に喜ばれるのです。

また「体操服は2枚持っていくこと」も習慣にしていました。体操服を忘れた子に、貸してあげることができるからです。

これらは、いわゆる**「先にｇｉｖｅする（与える）」という行動**です。

でも、「若いときから、殊勝《しゅしょう》な心がけで偉い！」なんて思わないでくださいね。当時の私はそんな教えについてはまったく知りませんでしたし「役に立てて嬉しい」と純粋に感じたこともありません。

それよりもむしろ、「これで◎◎さんとはうまくやれそう」という計算で、頭の中はいっぱい。つまり「自分を守りたい」という下心から、人にせっせと「give」していただけなのです。

でも、そのおかげで、中高ではいじめに遭うことはありませんでした。ノートや体操服を喜んで貸していたわけですから、（今考えると）大事にされて当たり前ですよね。

このように「褒め言葉より行動」という私のモットーのルーツをたどると、学生時代のサバイバル術にいきつくのですが、大人の世界での処世術としても活用いただけるはず。ぜひ参考にしてください。

「その髪型、かわいいね」なんていうありきたりな褒め言葉より〝ちょっとした行動〟のほうがよっぽど身を助けてくれますよ。

動いてほしかったら「見た目」以外の長所を褒める

「『褒め言葉より行動』という山中さんの話はよくわかった。でもやっぱり、その人のことが好きすぎて、褒めずにはいられない…」

「『人は、褒めれば動く』とよく聞きます。自分もその手を使いたいのですが」

「行動で好意を伝えたいけれども、リアルでなかなか会う機会がない。メールなどをやりとりする際に、どうしても褒め言葉を書き連ねたくなるが、どうすればいいでしょう？」

こんな声もよくいただきます。そこでお答えしておきます。

どうしても相手を褒めたいときは、**「見た目」以外の何かを褒める**ようにしてみましょう。その人の「内面」に触れるのです。

その人の実績や習慣、振る舞い、考え方などについて、素晴らしいと感じる点を褒めましょう。なぜなら、「見た目」を褒めることは難易度が低いため、**誰にでもできる**ものだから。

一方、その人の「内面」を褒めることは、その人を観察し続けていないとできませんよね。だから、**相手の心に、より刺さる**のです。

もちろん、誰だって「見た目」を褒められたら、悪い気はしないもの。ですが「また褒められた」「この服、やっぱり好評だわ」「私ってやっぱりファッションセンスがいいのね」というくらいにとどまり、心に深くは響かないのです。「相手との距離を縮めることにはつながりにくい」と捉えておいてください。

褒め言葉の例を挙げておきましょう。

【友人・知人同士】

「◎◎さんって、聞き上手ですよね。楽しいから、つい、いろいろお話ししちゃいます」

「◎◎さんは、いつも早起きだよね。きちんとしてる。私も見習わなきゃ」

「◎◎さんのメールは、返信がいつも早くて感心します。すごく助かります」

【上司と部下】

「いつも絶妙なスケジュール管理をありがとうございます。おかげで安心して、目の前の仕事に没頭できます」
「◎◎さんが用意してくれる手土産は、毎回完璧だね。先方が喜んでくださるし、会話が弾むから商談までうまくいくよ。本当にありがたい」

もちろん、これらはほんの一例。このまま丸暗記して使わないでくださいね（笑）。

このように、相手の習慣や能力、相手がしてくれた仕事などに対して「こまめに感謝を伝える」という方針で褒めると、**相手も気持ちよく動いてくれるようになり、仕事もプライベートもうまくいきますよ。**

ですから、「見た目以外の褒めポイント」をストックしておくのもおすすめです。芸人のミルクボーイさんの定番ネタではありませんが、「こんなん、なんぼあってもいいですからね」。「人の長所を発見する名人」を目指しましょう。

「正義感の無駄遣い」はやめる

両親のしつけが厳しかったせいか、私は幼い頃から正義感が人一倍強かった気がします。

たとえば、仲間外れやいじめは絶対にダメだと思っていましたし、それらを見かけたら止めに入るような〝学級員タイプ〟の女の子でした。

ですが、そんな正義感に突き動かされて行動していたのも、小学生低学年の最初の頃まで。引っ越し先で「何となく受け入れてもらえない空気」を察してからは、正面切って正義感を振りかざすどころではなくなりました。

それまでの私は「正しいこと」は正しい、「間違っていること」は間違っていると言える子でした。また、それが〝正義〟だと捉えていました。

ですが自分がいざ仲間外れに遭ってみると、「正しいこと」を言うからみんなに認められるわけではない、と気づいたのです。**むしろ「正しいこと」を言うから嫌われる。そんなふうにも感じました。**それは、まだまだ純粋だった私にとって衝撃的でした。

「正しいから、報われるわけではない」「正しいから好かれるわけではない」。こんな〝法則〟は、今も私の中に強烈に残っています。

もちろん中学・高校時代も、この法則を念頭に置きながら行動していました。ですから、**正義でぶつかっても変わらない相手にはかかわることを避け、距離を置くようにしていた**ものです。

たとえばHちゃんという子がいました。彼女は私の母親が運営するそろばん塾の生徒でもありました。自分が通う塾の子どもである私のことが気にいらなかったのでしょうか、彼女は（特に理由がないのに）私を舌打ちしたり無視したり、理不尽な暴力を振るうのです。

でも私は、彼女に抗議をしたり、そんな振る舞いをやめるよう、働きかけたりすることはしませんでした。正義でぶつかっても、Hちゃんはきっと変わらないだろうと思ったからです。だから、私だけが暴力に耐えればいいと割り切っていたのです。

もちろん、いろんな考え方があるでしょう。「Hちゃんと話し合って和解すべき」という意見もきっとあるはずです。でも、私は考えた結果「正面衝突するよりも、かかわらないほうが幸せである」という処世術を選んだのです。実際、今もその生き方でよかったと感じています。

わかり合おうと歩み寄ることは大事です。でも**私たちの人生の時間や、使えるエネルギーは有限**です。

成功に手間暇がかかりそうなことには、真正面からぶつかるのではなく「あえてスルーする」。そんな態度も、ときには有効ではないでしょうか。

失敗を説得力に変えよう

私は高校受験も大学受験も、思いどおりにはなりませんでした。詳しくいうと、第一志望に落ちました。

中学生の頃は、ヤンキー風の子たちが多い環境だったので、そこで生き抜くために、周りの雰囲気に合わせるのに精一杯。遊びながら、かっこつけながら毎日を送っていたため、ゴリゴリ勉強に励むことはあまりありませんでした。

授業の板書については、頼まれたときにいつでも貸し出せるよう、ノートにきれいに記録をしていました（7・113ページ）。でも、それだけで受験に対応できるような学力がつくわけがありません。偏差値が上がることもありません。

「高校受験なんて、余裕で大丈夫でしょ」。そうタカをくくっていたら、滑り止めで受けたつもりの私立高校の受験で、まさかの不合格…。

「滑り止めが確保できていない」ということで、その後のスケジュールはガタガタに。公立高校の受験は、予定よりもランクを落とした安全圏のところを受験。そこでようやく受かりました。

〝全落ち〟こそ免れたものの、当時の私は恥ずかしさでいっぱいでした。

よく覚えているのは、中3の3学期、「私立高校に不合格」とわかった直後のこと。「私立高校に落ちたのはクラスに私一人」と知り、恥ずかしすぎて中学に登校できなくなったのです。

「家から出たくない」と本当に思いました。しかし担任の先生が迎えに来てくださったりしたおかげで、次の公立高校の受験に向け気持ちを立て直し、再び登校できるようになりました。

「こんなつらい経験をしたのだから、改心して、大学受験は準備万端で臨もう」。普通はそう思いますよね。ですが私の場合、そうはいかなかったのです（笑）。

なんとか滑り込んだ公立高校は進学校ではなく、いい意味で牧歌的でのんびりとした学校でした。難関大を目指す生徒なんて、ほぼゼロ。「朱に交われば赤くなる」という言葉通り、私も緩い雰囲気に馴染んでいきました。

そんなマインドで偏差値の高い大学に受かるわけがありません。案の定、第一志望の大学には落ちています。

上昇志向はありました。でも、本気になって頑張ることをしなかったのです。つまり、高校受験も大学受験も不完全燃焼。さほど頑張らなかったから、思いどおりの結果が出せなかったというのは自分が一番よくわかっています。

でも、そんな経験も私の大切な人生の一部。**今の私を形成する基礎になっていると感じます。**ですから「高校受験も大学受験もうまくいかなかったこと」を**今もずっと引きずってはいません。**

また**そんな体験があるからこそ「受験で挫折した生徒」の気持ちがリアルにわかるし、彼らにしっかり寄り添うことができます。**

私は塾を運営する中で「受験に失敗した生徒」に数多く接してきました。そもそも受験に失敗する理由は、千差万別。興味や行動範囲が広がる高校生の場合はなおさらです。

そんな彼らに対して「勉強を頑張らなかったのだから不合格でも当然」と決めつけるのは早計です。受験にまつわる情報をキャッチできていなかっただけだったり、〝勉強以外のやりたいこと〟を抱えていたり、勉強に没頭できるような交友関係ではなかったり、家庭の事情などの心配事があったり…。

つまり、学力を伸ばせなかった要因が必ずあるはず。だから、受験に落ちたくらいで、絶望しないでほしいのです。

私は、不合格通知を受け取り沈んでいる生徒に、こう告げることがよくあります。

「私を見て。私は高校も大学も、全部第一志望に落ちてんねんけど、今の私、楽しそうじゃない？」

こう言うと、多くの生徒がハッとしてくれます。

「人生長いよ。受験に落ちても、なんの問題もないよ」。こんな逆説的な慰《なぐさ》め方ができる指導者なんて、私くらいでしょう（笑）。だから、**今では胸を張って言えます。「私、高校も大学も、受験に失敗したんです」って。**

もしあなたが過去の出来事について「失敗した」と悔やみ続けているならば。

私のように、それを**ネタにしてみてください。その悔しさをリアルに伝えることは、きっと誰かの役に立つはず**ですから。

男も女も「愛嬌《あいきょう》」が大事

私には、誰にでも自慢できる学歴も資格もありません。もちろんきれいに見せる努力はしていますが、特別美人でも、スタイルがよいわけでもありません。

でも**私のもとには、ありがたいことに多くの人が集まってきてくださる。それはきっと“愛嬌”があるから**だろうと分析しています。

「愛嬌」という言葉を調べてみると「明るい」「にこやか」「憎めない表情やしぐさ」「相手に感じのいい印象を与える態度や言動」などの意味があるようです。

実際、私は次のような言葉をよくいただきます。「いつもニコニコしているね」「いつも元気で明るいね」「素直だね」。このように褒めていただけるのは、本当に嬉しいことです。

実は私は幼少から「愛嬌」の大切さを祖母からずっと説かれ続けてきました。「成績が悪くてもいい、できないことがあってもいい。でも、とにかくかわいくありなさい」。そんな言葉が私には沁《し》みついています。

ちょっとふてくされたり、不機嫌な顔をしていると「その表情がよくない！」とピシャリと注意されたものです。そのおかげで大人になっても明るくにこやかに振る舞い続けられている気がします。

「おはよう」と声をかけられたら、倍の笑顔で「おはよう」と返す。同意を求められたら、「だって」と言い返すより、一旦は「そうだよね」と同意する。

そんなしつけのおかげで、今でも多くの人が集まってくださるのでしょう。そして、**その人たちが運んできてくれたご縁や運のおかげで、さまざまな夢を実現できてきた**ような気がします。

まずは「笑顔の倍返し」と、「そうだよね」と相手を柔らかく肯定する態度をおすすめします。

伝えたいことは、どう言うか考えるより、行動で示す

何か伝えたいことがあるとき。**口で10回言うよりも、一つの行動を見せるほうが相手の心に届く**ものです。これは、前の「褒め言葉は逆効果になることも」（112ページ）と

いう法則とも共通することですが。

たとえば、部下や我が子に「こうしてほしい」という希望があるとき。自分がその希望通りの行動を見せ続けることで、相手も同じように動いてくれるようになります。「率先垂範《そっせんすいはん》」という言葉がありますが、まさにその通り。組織においても、**先頭に立ち、自らの行いをもって模範を示せば、周囲もそれを進んで真似をするようになります。**

そもそも自分自身ができないことを、他の誰かに望んだり強要したりするなんて、おかしいことですものね。

我が家の例を挙げておきましょう。私は塾を運営していたので常に忙しく、おやつを素材から丁寧に作るようなことはほとんどできませんでした。夕方から塾が始まるので、午後になるとその準備で気忙《きぜわ》しくなるからです。

でも、私が必死に働く姿は見せることができました。息子たちも、私が運営する塾に通っていたからです。

「一つのことを頑張り続ける姿」や「人生をめいっぱい楽しもうというマインド」は伝えられたと感じています。

そのおかげでしょうか、**長男は自発的に勉強に取り組み**、第一志望の高校、大学に進学。幼少期に英語を習わせるほどの余裕はありませんでしたが、独学で英検1級に合格しました。

彼には「勉強しなさい」なんて一言も言ったことがありません。逆に「早く寝なさい」は、よく言いました（笑）。ですから、これらの実績はすべて彼自身の頑張りによるものです。

一方、**次男は社交的に育ち**、尊敬し合える多くの友人に囲まれいつも笑顔で楽しそうです。

次男にも「友達を多くつくりなさいよ」なんて助言した覚えはありません。ただ、彼が友人と何かをする際には、全力でバックアップし、笑顔で送り出してきただけです。

立場上、我が子の成績に悩む保護者と数多く接してきましたが、『勉強しなさい』という言葉は、諸刃の剣」とお伝えしています。

「勉強しなさい」というのは確かに〝正論〟です。でも正論が相手に受け入れられるかどうかは別の話。相手は「今からやろうと思っていたのに…」などと、かえってモチベーションを下げてしまうこともあります。

また**「他人から言われれば言われるほど、やりたくなくなる」という心理が人には備わっています。**それを専門用語で「心理的リアクタンス」といいます。

ですから、**黙って行動で示すのが遠回りのように見えて、実は近道**なのです。

お子さんに成績を上げてほしかったら、自分も勉強や読書やデスクワークに熱心に取り組む姿を見せる。

お子さんに規則正しい生活を送ってほしかったら、自分も早寝早起きを徹底し、朝から行動する姿を見せる。

お子さんがスマホに向き合う時間を短くしたかったら、自分も我が子の前ではスマホを触らない。

難しいことかもしれませんが、そんな方法をおすすめします。

学歴以外の評価軸も大切に

人に動いてもらいたいとき。前提として「相手を認める姿勢」が大事です。「あなたのことを信じて期待していますよ」「あなたの能力を高く評価していますよ」。そんな気持ちが相手に伝わるからこそ、相手も快く動いてくれるのです。動いてほしい相手については、よいところを探し、どんどん口にすることができれば理想的です。

ところがこの話をしたときに、次のような質問をいただいたことがあります。

「そうはいっても、相手に褒めるところがない場合はどうすればいいでしょう？　たとえば大学を出ていない若手社員の場合は、いったいどこを褒めればよいのか…」

こんな悩みを吐露《とろ》してくださったのは、私よりも年長の経営者さんです。

確かに年配の方になるほど「学歴」というわかりやすいフィルターを通して、人を見る傾向があるように感じます。ですが、人を判断する際に「学歴」という物差ししか持ち合わせていないと、その人独自のよさを見過ごしてしまいかねません。**「学歴」以外の物差しも持っておきたい**ものです。

たとえば、性格については「優しい」「人あたりがよい」「気が利く」「行動力がある」「話し上手」「聞き上手」などの長所はどうでしょう。

また能力についても「パソコンに詳しい」「車の運転がうまい」「スポーツのセンスがある」「料理が上手」「カラオケで歌うのがうまい」など、何かしら秀でたところはあるはずです。

かくいう私自身、学歴は誇れるわけではありません。ですから「学歴」とはむしろ関係のないところで、人に貢献ができるよう努めてきたつもりです。

ここで再び、私の2人の息子たちについてもお話しさせてください。

私の次男はつい最近までフリーターをしていました。学びたいことは特になかったので大学進学は選びませんでした。そして彼は今、EMI高等学院のメタバースコースのスタッフとして人気講師になっています。私には難しく理解できないメタバースの世界で、個性と才能を爆発させています。

実は『VALORANT』という全世界の月間プレイヤー数が2000万人を超えたゲームで、アジア500位以内を何度も達成するという、プロゲーマーレベルのすごい才能がありました（私は最近まで知りませんでした）。実際、プロからの誘いも来るそうです。

また**「みんなと同じでなくても、大丈夫」**、それも私の信条。だから、たとえ周りがみんな大学に進学していようと（大学を卒業していようと）、無理に合わせなくていいと思うのです。**子どもの数だけ、幸せの形があるはず**ですからね。

一方長男は、高校時代には甲子園に出場したほどの野球好き。成績もよく、大学は慶應に進んで語学留学などの経験も積みました。ですが、それらはすべて本人の意思の結果です。

私は「スポーツに熱中しなさい」とも「何が何でも慶應ボーイになりなさい」とも言いませんでしたし、思いもしませんでした。本人が望んだことを、全力で応援していただけです。私自身も**「自分の人生は、自分で決めるべき」「勉強なんて、必要性を感じたときにはじめてやればいい」**という考え方でやってきたからです。

長男は学問を極め、次男はゲームを極め、それぞれの得意分野で活躍の場を見つけています。

もしかすると、弟には弟なりに、兄への葛藤やコンプレックスを抱いていたのかもしれません。「文武両道の兄とはまったく違う道を選びたい」という思いがあったのかもしれません。そして「同じ土俵で戦いたくない」と最初はフリーターの道を選んだとも考えられます。

でも、私にとって大事な息子であることにはかわりがありません。

幸い、次男は地頭がよく、コミュ力も高いので、将来についてはまったく心配をしていません。

学歴以外の物差しを持っている人が増えれば嬉しいですし、私自身も「学歴以外の評価軸を大事にできる人」になりたいと願っています。

大切な人には先に投資する

塾を開業するまでの私は、ケチケチ星人でした。玉の輿婚に成功し、夫のおかげで贅沢三昧、悠々自適の生活を送っていた時期は、自分や家族以外のためにお金を使うなんて、想像だにしませんでした。

また、FXで1億円の損失を出したあとは、貯金も収入もほぼゼロからの再スタート。子どもたちを食べさせていくのに精一杯になったわけですから、ケチケチぶりには拍車がかかりました…。

つまり私は「他人に投資する」という考え方とは無縁のまま、30代半ばまでケチケチ星人できたわけです。

そんな私が180度変わったのは、塾経営のおかげ。

ツテを必死にたどって紹介をしてもらったり、（本人の前で）泣き落としたりしてかき集めた講師たちを定着させるため、「〝毎日〟1回、食事をご馳走する」。そんな〝荒業《あらわざ》〟をするようになり、ケチケチ星人から卒業することができました。

「経営者が従業員を年に数回、飲みに連れていったり、ご馳走したりする」というのは、よくある話でしょう。ですが私の場合、その回数が桁違い（笑）。

塾を始めてから約1年間、ほぼ毎日「出勤している講師たち」全員を引き連れ、近くの定食屋さんで夕食を振る舞っていました。

創業間もない頃でしたから、講師の数は多い日でも5人くらい。一人あたりの食事代も700円～750円前後。ほかの敏腕な経営者さんから見れば「大した出費じゃない」という見方もあるかもしれません。でも当時の資金がカツカツの私にとっては、勇気のいる出費でした。

ただ、開業当初から入塾の申込みが殺到し、順番待ちが数十人単位で出ていたので、事業が拡大していくビジョンが明らかに見えていました。ですから、そのためにも**人材確保につながる投資は必須だと確信**できたのです。

だから、納得したうえで**講師たちに〝1年間毎日〟、ご飯を振る舞っていました。**

「同じ釜の飯を食う」と昔からよくいわれますが、ご飯を一緒に食べることには大きな意味があります。

食事の際には、会話が必ず伴います。緊張感が和らぐため、本音が飛び出すこともよくあります。距離は自然と縮まります。塾の現場に戻れば、チームワークもよくなっています。つまり、講師にご飯をおごり続けることには、メリットしかないわけです。

そんな話をすると、打算だけで動いていたかのように思われるかもしれませんが、違います。ワイワイ食事をとることで、もちろん**私自身も楽しませてもらいました。そこで私は「人に（先に）お金を使うことの大切さ」を身をもって学んだ**のです。

「お金は使わなければ使わないほどいい」、そんな考え方から「お金は使えば使うほど、自分に返ってくる」と、本気でそう思うようになりました。

もちろん、ここでいう「お金を使う」とは「浪費すること」「単に自分のためだけに、贅沢すること」という意味ではありません。**「投資」、それも「人への投資」であることが大事**です。

先に恩を売っておけば、後からリターンが返ってくることは多いものです。逆にいうと、「人への投資」をすることもなく、相手を突然利用しようとしたり、気持ちよく動いてもらおうと期待したりするなんて、失礼な気がします。

相手に動いてほしいなら、先に与える。多くの成功者が指摘されていることですが、これは事実です。「ケチケチ星人で成功している人」なんて見たことがありません。

もっといえば、見返りなんて期待せず「相手に無条件に与えられる人」になれれば最高でしょう。

私にとって想定外のご褒美《ほうび》かもしれませんが、**うちの塾にかかわってくれた講師たちの多くと、その後もいい関係が続いています。**

進路の相談はもちろん、恋愛の相談に乗ったりすることもよくあります。中には「彼（彼女）ができたので紹介したいです」と、お相手を伴って挨拶に来てくれる元講師も。まるで、〝第二の母〟です（笑）。

もちろん、就職や結婚の報告も多くいただきます。今では「多くの子どもたちが全国で活躍しているなぁ」という感覚です。

私が出張に行く際には、彼らと連絡を取り合って現地で再会することも。数年ぶりに居酒屋さんなどで会い、そこの郷土料理をいただき昔話や未来の話に花を咲かせる瞬間は、何にも代えがたい幸せです。

つまり、**お金を人にかければ、いつか自分に幸せが返ってくる流れになっている**わけです。

短期の損得勘定に惑わされず、「投資」という概念を理解し「先にｇｉｖｅする」ことをおすすめします。

第4章

不幸・不利を乗り越える

「◎◎が悩みで…」と嘆く人は、まだまだ余裕

第3章までは、「人に恵まれる」がテーマ。無名で何もない状態からでも、気になる人と仲良くなって仲間になってもらい、人が集まってくれるように自分が一目置かれる存在となり、そして人に動いてもらうことにはどんなことを心掛けたり実践したりするといいのか。私なりに経験してきたことを踏まえてお伝えしてきました。

続いて、この第4章から6章までのテーマが「夢を叶える」。とはいっても、今からいきなり実現させるのは、なかなか難しいこと。非常に些細なことなら別ですが。現状で困っていることがあったら、なかなか行動に移せませんし、そんな気分になれないでしょう。

そこでこの第4章ではまず、「不幸・不利を乗り越える」を扱うことにします。困った状況から抜け出し、動き出しやすい状態にすることからお伝えできれば幸いです。

さて本題に入ります。

私は今まで、塾の生徒やその保護者から、勉強にまつわる多くの相談をいただいてきました。近年は仲間も増え、一般的な人生相談を持ちかけられるようにもなりました。そこで、気づいたことをお話ししておきます。

冷たく聞こえるかもしれませんが、驚かないでくださいね。

それは、**「◎◎に悩んでいる」と嘆く人は、まだまだ余裕、**という事実です。

たとえ不幸のどん底にあっても「自分の人生をよりよくしていこう」という意志がある人は、「嘆くこと」に時間やエネルギーを使いません。ましてや**愚痴《ぐち》を言うことなどもありません。それらは非生産的なことだと知っているから**です。

それよりも「どん底から這い上がるための方法」を考えることに、自分の全リソースを使います。ですから、「◎◎に悩んでいる」と話せるうちは、まだまだ余裕があるのです。

これは、我が家がFXで1億円の損失を被ったときの話です。「たいした貯蓄もないのに、来月からの収入が突然途絶える」と私が気づいたとき。最初は恐怖に震えましたが、それを誰かに相談しているような暇はありませんでした（そもそも、人様に相談できるような話の内容ではありませんが…）。

もちろん私だって、当初は愚痴めいた言葉が頭に浮かびました。「信頼していたあの会社が、まさか倒産するなんて…」「FXでうまく儲けている人は他にも大勢いるのに、なぜ私だけがこんな目に遭うの!?」と。

でも、誰かを責めたところで、自分の〝どん底〟の状況が改善されるわけではありません。

そこで「私が働こう!」と決意し、今までほとんど見たことのない求人情報を、血眼《ちまなこ》になって読み込み始めるわけです(それから世の中の「時給」の相場を知って驚いたり、「自分には稼ぐ能力がない」と気づいて愕然《がくぜん》とするわけですが…)。

家庭をまわして子どもを育てていると、毎月の固定費だけでも相当の金額になります。特に子どもたち2人は食べ盛り。毎日、おやつも欲しがります。「お金が入ってこないから、我慢しようね」という説得が通じるような年齢でもありません。

「来月から、子どもたち2人を満足に食べさせていけるのか」と考えると、「塾を起ち上げて、うまくいくかしら?」と悩む暇などありませんでした。

塾の開業にこぎつけてからは、目も回るような忙しさになりました。「子育てと仕事の両立ができない」などと、意識する間もないほどです。

なりふり構わず働くようになっても「子どもたちと過ごす時間が減った」と嘆いてなど

おれませんでした。それよりもまず「生きていくこと」に必死だったからです。

総括しておきましょう。

「成功するかしら?」という思考ではなく「成功するにはどうすればよいか」という「成功からの逆算思考」で動きましょう。「成功」を疑わずに信じ込み、自分の頭の中では「成功=大前提」にしてしまうのです。

もちろん「作戦を立てる」という意味で「考えること」は大事です。でも、現実について「悩む」ことは、ある意味「時間の無駄」なのです。

たとえば「なぜ私は、最近太ってきたのか」と悩む暇があれば、家の周りを20分でもジョギングするほうが建設的ですよね。「つい悩んでしまう」という人は「悩んでいる自分」が好きなのかもしれません。

悩みそうになったら、**「悩んでいるうちは、まだ余裕」と言い聞かせて、次の行動に自分自身を駆り立ててください。**

「自分」を嫌いになったら、本当に終わり

残念ながら、私は学歴も資格も自慢できるものではありません。特別美人でも、スタイルがよいわけでもありません。

「とにかくかわいくありなさい」。そんな祖母の教えに従い、愛嬌だけは忘れないように努めてきました。結果、多くの応援し合える仲間に恵まれ、幸せな毎日を過ごしています。

なぜ、そんなにうまく人生を歩んでこられたのか。いったんどん底を味わったとはいえ、どうしてそこから回復できたのか。

私なりに見つけた答えをお話ししておきます。なぜなら、それは多くの方に当てはまる原則だからです。

「とにかくかわいくありなさい」という祖母の教えを守ろうとしたとき。前提として必要なことがあります。それは「自分自身を好き」という気持ち。

自分を好きだからこそ、自分を大切に扱うことができます。自分が大事だからこそ、努力を重ねることもできます。

でも、もし自分を嫌いになってしまったらどうでしょう。たとえば、「どうせ私なんて」と自分を卑下したり、「どうせ私なんて…」と自分の力を低く見積もることが増えると、「かわいくあろう」とする前向きさを保てなくなってしまいます。それは「自己肯定感が低くなっている」という状態です。

そんな人が幸せになれるわけはないですし、周囲を幸せにすることもできません。自分自身すら大事にできない人が、他人を尊重したり、他人に貢献する余裕なんてないからです。

ですから、まずは自分自身を好きになりましょう。そして自分の気持ちを大事に尊重し、自己肯定感を高く保ってください。そうしてやっと「かわいくあろう」と思えるものです。私も〝素の自分〟が一番好きだからこそ、日々頑張ることができています。

また、**そこからようやく他人を尊重する気持ちが起こったり、貢献欲が沸き上がってきます。**それが人に恵まれることにもつながることは、前にも何度かお伝えしてきた通りです。

「そうはいっても、自己肯定感を高く保つことなんて、私には難しいです」。そんな声も聞こえてきそうです。

では**自己肯定感を高く保つために**、いったいどうすればいいのでしょうか。**答えの一つとして、「とにかく感謝をすること」をおすすめしたい**と思います。

とにかく感謝する。感謝デーをつくる

人生がうまくいっているときは、周囲におのずと感謝の念が湧いてくるもの。

一方、不幸の渦中にあるときや、なんとなくツイていないときは、感謝することを忘れがちです。「感謝どころか不平や不満しか出てこない」、そんな人もいるでしょう。でも、**大変なときこそ感謝をすることが大事**です。

なぜなら**「感謝をしよう」とするときは、視点を変える必要があるから**です。視点を変えると、それまで見過ごしていたことを発見したり、気持ちを前向きに立て直すことができます。誰かの優しさに、時間差で気づけることもあります。

そのようにあなたの心が変わると、周りの人への接し方も変化して、コミュニケーショ

ンが改善されます。結果、周囲から運がやってくることに…。よい運気は常に周囲からやってくる、という原則を忘れてはなりません。ですから「感謝するどころではない」という状況のときほど、感謝モードに自分をうまく導きましょう。

私が尊敬している成功者の一人、Cさんは〝感謝の達人〟です。たとえば、年末にお仕事でお会いしたときのこと。

「恵美子ちゃん、今日は会ってくれてありがとう。忙しい中、時間をつくってくれてありがとう！」開口一番、満面の笑みでそうおっしゃるのです（本来、私がお礼を言うべき立場なのですが…）。

そんな感謝の言葉をさらりと言えるところが、Cさんがみんなから好かれ、大成功されている理由なのだと思います。

ですから私たちも〝感謝力〟をアップしていきましょう。

どんな状況の方でも、今すぐ実践できる**「感謝のワーク」**をご紹介しますね。

それは、**「感謝したいところ」を見つけ、「ありがとう」と言うこと（心の中で唱えること）を1日繰り返す、というものです。「今日1日の私の仕事は、感謝をすることだ」と**

決めてください。

感謝の対象は「もの」「自分の境遇」「自分の置かれた環境」「特定の人」「名前のわからない人」など、なんでも構いません。あなたは「感謝したい対象」が多いことに途中できっと驚くはずです。そして1日が終わる頃には、「私はなんて幸せなんだろう」と素直に喜べることでしょう。

要は、**感謝をするだけで、どんな些細なことも喜びに変えることができる**のです。

【感謝の例】

・「朝、布団の中で目覚めることができて、感謝」
・「雨露をしのげる家で快適に過ごせていることに、感謝」
・「呼吸ができていることに、感謝」
・「体を動かせることに、感謝」
・「自分の頭で自由に物事を考えられることに、感謝」
・(仕事がある人の場合)「お仕事があることに、感謝」
・(家族と同居している人の場合)「家族と暮らせていることに、感謝」
・「目の前にコーヒーがあることに、感謝」

・「熱いお茶をおいしく飲めることに、感謝」
・(晴れの日の場合)「お天気がよいことに、感謝」
・(雨の日の場合)「雨が降ってくれることで、農作物が育つことに感謝」
・「花が咲いてくれていることに、感謝」
・「電車が動いていることに、感謝」
・(職場の人に)「自分の仕事を手伝ってくれる人がいることに、感謝」
・「掃除をしてくれる人に、感謝」
・「テレビを視聴できる環境に、感謝」
・「読みたい本がたくさんあることに、感謝」

いかがでしょう。このように書き出してみると、日常の中でも感謝できるポイントは膨《ぼう》大《だい》に存在しますよね。

このワークをしていることを1日忘れないために、手に「感謝」とペン書きしておくこともおすすめです。

生き抜くためにはキャラ変も有効

人は自分の居場所を、ある程度は選べます。ですがそれは、大人になってからの話。小学生、中学生、高校生など、学校に通っている間は（転校でもしない限り）、自分が身を置く環境はなかなか自由に選べないものです。

自分の通学先の学校に「なんだか馴染めない」と思っても、「卒業まで我慢して通う」。そんな人は多いのではないでしょうか。かくいう私もそんな一人でした。

私の通った中学校は、大阪市の東淀川区にありました。ナインティナインの岡村隆史さん、アーティストの相川七瀬さんの母校としても知られている学校です。

その頃、つまり1980年代は、学校が荒れ、非行や校内暴力が深刻な社会問題になっていました。そんな時期に小学校から中学校へと進学した私が、本能的にまず感じたのは、**「ここで〝いい子〟だったら、即いじめられる」**ということでした。**そこでガラリとキャラ変（自分のキャラクターを変えること）をして〝ちょっとヤンキー〟になった**のです。

学級委員的な正義感のある私の性格上、ハードな本物のヤンキーになることなんて、とてもムリ。ですから、〝ちょっとヤンキー〟という道を選びました。「学校側に反抗をしたり、誰かと喧嘩《けんか》をしたり…」という本気のヤンキーではなく「制服のスカートをミニスカートに改造し、不良っぽさをアピールする」というかわいいレベルです。

これで見た目の〝偽装〟はOK。

さらに「ヤンキー女子の群れの中で、かわいがられて（いじめられずに）生きていくにはどうすればよいか」を考え、「勉強を教えたり、試験前にノートを貸し出す、忘れた子に体操服を貸してあげる（113・7ページ）というポジション」を選びました。

この作戦が功を奏したのでしょう、尾崎豊さんの名曲『15の夜』の歌詞そのまんまのような荒れた学校でも、いじめとは無縁で過ごせたのです。今、振り返ると〝奇跡〟です(笑)。

この「キャラ変」というスキルは、大人の社会でも応用いただけるはず。

たとえば「入社予定の部署のマネジメント層は、みなゴルフ好きらしい」と知ったら、急いでゴルフのレッスンに通う。「先輩たちは、休日に皇居ランを楽しんでいるらしい」と知ったら、自分も積極的に加わってみる。そんな**「私も仲間ですアピール」が、自分の**

居場所を確保してくれることも…。

ですから「ゴルフ（ジョギング）なんて、興味ないから」などと切り捨てずに、あえてとびこんでみることも、ときには有効です。

もちろん、これは限界状況においての話。「ありのままの自分」で認められ、居場所も確保できている場合は周囲に合わせたりキャラを変えたりしなくても、なんとかなるでしょう。

でも、そうではない場合。たとえば、異動や転職など、自分の環境が大きく変わった場合。

「こんな環境で、やっていけそうにない…」と感じたとき。カメレオンのように周囲に合わせて自分を臨機応変に変えることも、自衛手段の一つです。

どんな限界状況でも、生き抜く方法はきっとありますよ。

加害者の「軽さ」を知っておく

「なるべくいい人だけとつきあいたい」、そんな思いで努力をしていても…。人間関係に、トラブルはつきもの。思わぬところで窮屈《きゅうくつ》な上下関係が生まれてしまったり、場合によっては「加害者と被害者」という対立構造ができてしまったりすることもあります。たとえば、いじめやパワハラ、セクハラなどがそうですよね。〝目下の弱い立場〟や〝被害者〟になってしまったとき。いったいどうすれば、その状況から脱却できるのか。お話ししてみましょう。

小学生の低学年のとき、私はクラスのボス的な女子が率いるグループになぜか受け入れられず、疎外感を感じていた時期があります。

今振り返ると、私はそのグループから精神的ないじめを受けていたように思います。「いじめ」と一口にいっても、定義が難しいですよね。特に女子の場合は、肉体的に害を与えることは少ないので、証拠も残りにくいものです。

たとえば「一言もしゃべってもらえない」「何かを訊いたら嘘を教えられる」「周囲に私の悪口を広められた」など、陰険な仕打ちを受けていました。

それらは我慢をしようと思えば、なんとか我慢できるレベルの嫌がらせです。だから、親にも担任の先生にも相談することはありませんでした。そして、普段の私は「あまり目立たない女子のグループ」に属して、クラスで孤立することのないように振る舞っていました。

しかし、私は精神的にどんどん追い込まれていきました。「自分はいじめを受けている」という意識に、起きている間、ずっと苛《さいな》まれ続けます。

夜になっても、昼間の仕打ちが忘れられず、悔しさと恐怖でなかなか寝つけない。ようやく眠れたとしても朝起きた瞬間から「また今日もいじめられるのか…」とイヤな気分になるわけです。子どもながらに、ストレスの塊だったと思います。

そんな私が、考え方を変えられたのは〝クラスのボス的な女子〟が、朝、教室で楽しそうにバカ笑いをしている姿を見たときでした。

「私は昨夜もなかなか寝つけなかったのに、あの子はきっとぐっすり眠ったんだろう。そして、学校に来ても何の心配事もなく、誰に何の遠慮もなく、まるで女王様のように自由に振る舞っている。私がいじめから受ける〝重さ〟と、あの子が私をいじめるときの意識の〝重さ〟は、まったく違う」

そう気づくと、**私が24時間重たい気持ちで過ごしていること自体が、なんだか馬鹿らしく思えてきた**のです。**悩む時間がもったいない**とも感じました。

それから、私は少女漫画を読むことに没頭できるようになりました。登校班の先輩たちの会話に加わろうとして、少女漫画を読み始めた時期でもありました（35ページ）。

特に私を支えてくれたのは『ガラスの仮面』です。

国民的な人気作品ですからご存じの方も多いと思いますが、北島マヤちゃんという〝一見平凡な少女〟が、ライバルとの葛藤を通じ、眠っている非凡な演技の才能を開花させ、成長していくという物語です。

とはいえ主人公の北島マヤちゃんは、常に試練にさらされます。嫉妬されたり、虐《しいた》げられたりすることもしばしばなので、読んでいても苦しいのですが、自分の力でそれらをはねのけていくというたくましい話で、とても慰められました。

また当時の私は、マヤちゃんに自分の姿を重ね合わせていました（ちなみにその後、大人になり、『瞬読』を世に出したあと。『瞬読』の受講生が招いてくださったパーティーで、作者の美内すずえ先生に偶然お会いすることができました。ですから、『ガラスの仮面』には不思議なご縁を感じています！）。

このように、何も手がつかない状況から、漫画を読める精神状態にまで回復できたのは「加害者の気持ちの軽さ」に気づけたからです。

踏み込んでいうと、いじめの加害者にとって、そのターゲットはおそらく誰でもよかったのかもしれません。私がいじめの対象に選ばれたのは、その子の〝単なる気分〟の問題だったのでしょう。

そうなると、学校という場は〝強い子〟がやりたい放題の場になってしまいかねません。それはあまりにも理不尽な話ではないでしょうか。

「いじめをはね返すのも、人生勉強」という反論もあるでしょう。でもその論理は、少々乱暴に聞こえます。

だってそうでしょう。自分がいじめられる側の当事者になったところを想像してみてください。仲間外れにされたり、笑われたりする側になったときのことをイメージしてみてください。誰だって苦しくて、逃げ出したくなるはずです。

だから私は「学校に行きたくない」という子たちの受け皿となるような通信制高校のサポート校「EMI高等学院」をつくったのです。

「学校に行けないなら、行かなくていいよ」。堂々とそう言ってあげたいのです。そして、そんな子たちが社会に立派に巣立つまで、責任を持って伴走したいのです。

「〝昔の私〟を放ってはおけない」。もしかするとそんな思いもあって、私はEMI高等学院という場をつくったのかもしれません。

実際、私が学校から泣いて帰ってきたのは一度や二度ではありません。当時いじめの渦中にあったときは、理不尽な仕打ちに遭っても悲しさやつらさ、悔しさを味わうだけでした。

でも、そんな強烈な体験が今の私の思想の核をつくってくれたのかもしれません。

プライドを守るための隠し事はあっていい

私は自分が受けていたいじめについて、自分の親に話したことは一切ありません。

もし私がそんなことを打ち明けたら、親は心配して学校に本格的に介入してくるかもしれません。担任の先生に、いじめを解消するよう掛け合うかもしれません。そんな展開になったら、問題が解決するよりも、いじめがエスカレートする可能性のほうが高くなってしまいます！

「それなら、我慢したほうがマシ」と私は考えていました。

とはいえ、つらいのは「学校を休めないこと」でした。

近年、「不登校」という言葉をよく聞くようになりましたが、今から40年以上も前は、そんな概念すらありませんでした。それほど「学校とは毎日通うもの」という〝常識〟が確固として存在していたのです。

ですからあの後、いじめがたとえどんなにエスカレートしたとしても、私は登校し続けたことでしょう。

「あの子、学校を休んでいるんだって」。そう噂されることのほうが、「普通ではない」という烙印《らくいん》を押されるようで、恐ろしく感じられました。

ただ、担任の篠田先生は、私の話を聞いて心の拠《よ》りどころになってくれました。若い先生だったので、問題に介入できるような立場ではありませんでしたが、その優しさには今でも感謝をしています。

この話を聞いて「もっとうまいやり方があったんじゃないの？」と思う人がいるかもしれません。また、正義感の強い人なら「親が早期に介入して、学校ぐるみでいじめを解消するのが理想なのに」と歯がゆく感じるかもしれません。

でも、**いじめを親に隠していたのは、私の〝プライド〟の問題でした。**無視されたり、嘘をつかれたり、冷たくされたりしているという事実を、親には絶対に知られたくなかったのです。

どんなに小さな子にも、プライド、つまり自尊心はあります。親は、誰にとっても特別な存在。だからこそ、知られたくないこともあるのです。

ですから、あなたがもし、お子さんのいじめなどの問題に気づいたとしても。隠し事をしていたとしても…。それを責めないであげてください。お子さんにはお子さんの自尊心があります。それをいったん踏みにじってしまったら。親子の信頼関係は回復できません。

もちろん、それは親子関係に限った話ではないでしょう。**「プライドを守るためには、人は隠し事だってする」。そんな心理を忘れないでください。**

「隠し事をするなんて水臭い」。そうなじりたくなるかもしれません。でも、人にはプライドを守ることを優先したい局面も多々あるのです。

これまでの常識は無視。弱みも無視、というか強みになる！

私は30代半ばで、才能も学歴も資格も人脈もお金も「ないない尽くし」のところから、塾を開業しました。

いったいなぜ、そんなド素人のつくった塾が潰れもせずに、今なお生徒を集め続けているのか。そもそも〝塾銀座〟の異名をとる兵庫県西宮市で、一つ目の教室が成功できたのか。お話ししてみたいと思います。

答えは、私の「強み」を徹底的に考え抜いたからです。それも、常識に囚われずに、です。

たとえば世間一般の〝塾運営者についての常識〟といえば…。

「高学歴な人」「教員資格などの有資格者」「学習指導のキャリアがある人」「多くの資金

を持っている人」「人脈（多くの見込み客）を既に持っている人」。

悲しいことに、私はこれらの条件に一つも当てはまりませんでした。

「その時点で諦める」。そんな人は多いことでしょう。

でも、私はあとには引けませんでした。「野球好きの息子を、野球を続けたまま塾で学ばせてやりたい」（226ページ）、「誰かのお役に立ちたい」（186ページ）という使命感があったからです。


そこで**〝塾運営者についての常識〟は一切無視して、自分自身に向き合い、「強み」を探りました。**

答えは、すぐに見つかりました。なんといっても、当時の私は「小学生の母親」です。「我が子をしっかり勉強させたい」という欲求を持っています。

つまり私自身が〝ビジネスのペルソナ（自社の製品やサービスの典型的なユーザーを体現する仮想的な人物像）〟と完全に一致するわけです！

平たくいうと、「私＝客」ですから、私の希望や要望、理想を一つひとつ実現していけば、お客様の満足度をアップさせることに直結します。たとえば当時の私自身は、こんなことを考えていました。

①「少年野球をやめずに、中学受験をさせてやりたい」
②「この界隈《かいわい》で人気の灘中学校など、いわゆる難関校に惹かれているわけではない」
③「とにかく丁寧に教えてくれる先生がいい。学歴の高さや学習指導のキャリアは二の次」
④「志望校選びの相談に、随時乗ってほしい」
⑤「忙しいときも、できるだけ笑顔で対応してほしい」

集客を成功させるには、これらの要望を一つ一つ実現していけばよいのです。

補足をしておくと、②に出てくる「灘中学校」は間違いなく魅力的な学校です。説明も不要なほど有名な、超名門男子校。算数の入試問題が日本一難しいことでも知られています。

また、その上にある灘高等学校は「東大合格者数ランキング」の上位常連校。同じ県内どころか関西に住む人間なら、憧れないわけがありませんよね。

でも、よく考えてみてください。西宮市の中学受験を志す男子小学生のすべてが、灘中学校を目指すわけではありません。誰もが「一番」を狙えるわけではないからです（中学入試の日はわずか数日間。つまり受験できる学校の数には限りがあります）。

「無謀な挑戦はさせずに、環境重視の学校を手堅く狙おう」と考える保護者も多いはずです。それなら、その人たちのお役に立つという道もあるのではないでしょうか。

要は、**「実績や合格率を重視する」という塾同士のレースには参加しないことに決めた**のです。

だって、そんなレースに参加した途端、一瞬で負けてしまいますから（笑）。**自分が不利になる土俵では戦わない。**

それが〝塾銀座〟西宮市というレッドオーシャン（非常に激化している市場）で、戦わずして勝つ道でした。

このように、私は「母親である」（＝自分自身がビジネスのペルソナである）という強みを活かし、常識には一切囚われず、自分好み（＝一般的な母親目線）で塾をつくり上げていきました。「自分が親だったら通わせたい塾」という基準で運営をしていけばよいので、迷うことはありません。

改善のアイデアも、毎日豊富に湧いてきます。そして「私はあなたの理想的なお母さんですよ」というマインドで、生徒さんたちに接するように心がけました。

どう振る舞えば〝みんなの理想的なお母さん〟になれるのかというと…。

「常に笑顔で明るく接する」「ポジティブな言葉を選んで話す」「勉強を強要しすぎない」

「本人の意思を尊重する」「周りの子と比べない」「受験を希望するからといって有名校への受験を強要しない。その子に合っている学校を受験させる」

こんな心がけが、功を奏したのです。

総括しておきましょう。**大事なことは、「ないない尽くしだからと諦めないこと」。次に「苦手意識に囚われないこと」**です。

私が最初に「自分自身が勉強なんて苦手だから、塾なんて」と諦めていたら何も生まれませんでした。

つまり**「自分が苦手かどうか」なんて、表面的な問題にすぎません。「強み」を探るうちに、「弱みが強みだった」ということもある**のです。

私の場合は「学歴も資格もキャリアもない母親」という属性を〝弱み〟と捉えていましたが、実はそれこそが最大の強みだったわけです。

もし、あなたが過去のネガティブな経験から、何かを遠ざけたくなったとき。

「今の私は、それを苦手と感じているけれども、本当にそうなのだろうか」。このように冷静に考えることをおすすめします。

真剣に聞くだけ〜やる気と心に火をつける方法

〝みんなの理想的なお母さん〟を目指してスタートさせた塾は、口コミも手伝って、あれよあれよという間に生徒さんが増えていきました。

開業時、80万円を投じて新聞の折り込みチラシを配布したのですが（それについてはあとでお話ししますね）、その後は宣伝費用はほぼかけず、1年間で100人を超える個別塾へと成長したのです。もちろん、1つの教室だけでは手狭ですから、その近くに2つ、3つと増やしました。

集客に成功した理由。それは、私が生徒さんたちに徹底的に向き合ったからです。なんといっても〝理想的なお母さん〟なのですから、なるべく同じ目線で接するようにして（責任者ではありますが）、笑顔で根気強く、全身全霊で彼らの話を聞きました。

とはいえ、生徒さんたちはどちらかといえば「勉強好きなタイプ」ではありません。そもそも「勉強好きなタイプ」や「進学校を目指すようなタイプ」の子たちなら、私の塾は選ばないでしょう。

ですから、彼らの〝話〟の中身は、大半が勉強以外のこと。たとえば学校や部活動での出来事や、交友関係の悩み、家族のこと、気になっているテレビや漫画のことなど。

おかげで私は、その子の趣味や部活動、友だちや担任の先生の名前、ひいては飼っているペットのことまで熟知できました（笑）。もしかすると「その子の悩み」については、ほんとうの親御さんより把握をできていたかもしれません。思春期の子は、親御さんには本心をなかなか明かさないのが普通だからです。

つまり私の塾は、家庭、学校に次ぐサードプレイス（居心地のいい第三の場所）的な場所であったのかもしれません。

そこまで情報を引き出し、信頼関係を築くことができればしめたもの。生徒さんたちのやる気がアップし、興味が自然と勉強のほうへ向くものです。

私の塾は「1コマの授業」＋「1コマの復習」、なおかつ「宿題も終わらせて帰る」というスタイルが基本なのですが、どんな子もその流れにスムーズに乗ってくれて、成績をみるみる上げてくれました。「塾にいる間に、宿題を必ず終わらせる」というルールがとても効くようです。

塾には中学生の子たちも来ていました。中には今まで、定期テストで10点や20点しか取れず「赤点しか取れない」と周囲からレッテルを貼られていた子もいます。でも、**彼らが私の塾に通い始めた途端60点、70点を取り出すわけですから、当然噂になります。**そして「私も！」「僕も！」と、周囲の子たちが入塾してくれるのです。

たとえば、その子のきょうだいや、同じマンションに住む親戚、クラスメート、部活の友達…。営業は一切していないのに、**新規契約が相次ぎました。**

また親御さんからのお褒めの声も有り難く、嬉しいものでした。「今まで『勉強なんて大嫌い』『塾なんて行くもんか！』としか言わなかったうちの子が、学校から帰ってきたら、すぐに塾に行きたがるんです。山中先生、いったいどうなっているんでしょう？」

この事例からわかるのは、**「聞くこと」の大切さ**です。人は誰でも、他人から興味を持たれたいものです。

また**「自分に興味を持ってくれる人」に、好意を持ちます。心も開きます。ですから、こちらが心を開いて接すると、なんでも話してくれるようになります。**

相手との信頼関係を築き、その場の心理的安全性が担保されると、気持ちがポジティブになり、**自己肯定感も高まります。**

抱えていた不平や不満が消え、「何かチャレンジしてみようかな」という気分も高まります。

そこで「じゃあ、勉強してみよう！」とモチベーションが自ずから高まるのは、心理学的に見てもごく当たり前のことなのです。

この「聞く力」という対人スキルを駆使すると、どんなにピンチのときでも、状況が好転していきます。どん底にいた私ですが、このスキルのおかげで不幸を乗り越えられたといっても過言ではありません。

落ち込んだときは大成長のチャンスだと喜ぼう！

「人生で既にどん底を経験した」という人は幸せです。というのも、これから大成長する準備ができているから。

一方、「どん底をまだ経験していない気がする」という人もいるでしょう。そんな人も、ご安心（？）ください。私の体験談を読んでいただければ、これからやってくる〝どん底〟を恐れすぎず、楽しめる余裕も出てくるようになれますから！

私の人生のどん底はたくさんありましたが、その中でも規模がトップレベルなのが〝FXで1億円の損失を被った直後、30代後半の時期〟でした。

最初は「お金がなくなった」という面にばかり意識がフォーカスしていたので「再起不能」「人生が終わった」としか思えず、心身共に疲弊していたものです。ですが今振り返ると、「どん底があったからこそ、今の私がある」とはっきりわかります。


大人になってからしばらくの間、私はイージーモードのお気楽人生を送ってきました。学生時代は気の合う友人らと楽しく過ごし、社会人になってからは華やかな職場で、希望通りの仕事に従事していました。もちろん〝新社会人〟としての苦労はしましたが、時代は景気がよかったのです。

月に数百万円。毎月デパートの外商で買い物をし、3年おきに外車を購入という時期も。金銭的にはなんの不安もない人生でした。

ところが2008年に、リーマン・ショックが突然起こります。夫が取引していたFXの会社が倒産し、すべてが一瞬で吹き飛ぶことに…。目の前が真っ暗になりました。36歳の時のことです。

お金どころか、よく考えると自慢できる学歴も資格もスキルも人脈も〝ないない尽くし〟の自分。「私には、なくすものすら、ない…」

そんなどん底だったからこそ「生まれて初めて」といっていいほどの必死さで、自分の頭で考え、行動を積み重ね、火事場の馬鹿力を発揮することができました。その結果、今があるんです。

繰り返しますが、私のどん底は、30代後半にやってきました。もう充分、いい大人です(笑)。でも必死になれました。

――ということは、人生はいつからでも、リスタートできるのです。ないない尽くしの私のような人間でも、リスタートできたのですから。むしろないない尽くしの人のほうが、お尻に火がついているため、うまくいくかもしれません。

ただし、必ずしてほしいことがあります。それは、自分を見つめ直す時間を持つこと。皮肉な話ですが、どん底に落ち込んだときにしか気づけないことがあります。

もちろん、どん底の渦中にある人にとってみれば、苦しいだけかもしれません。でも、**どん底にいるときの心は、最大限に過敏になっているため、さまざまなことに気づきやすい**のです。また、**命の危機を感じているため、潜在的な能力を発揮しやすくなっています。**

たとえば、ささやかなことが嬉しかったり。ちょっとしたことにも感謝ができたり。退路を断たれているわけですから、**行動力も通常の数倍にアップしています。**

「大病を経験した人は健康の大切さを痛感する」といいますが、その通り。〝どん底〟とは、今まで使っていなかった感覚や能力が、呼び覚まされる時期なのです。

そういった意味で、**今どん底にいる人は最強です。人生最大のボーナスタイムがやってきたと捉えてみてください。**

世間の評価軸なんて無視していい。何歳からでも自分軸は持てる

人は何歳からでも〝自分軸〟を新しく持てるものです。

また、状況の変化に応じて、随時アップデートすることも必要でしょう。

いちばんよくないのは〝自分軸〟を持たず、〝他人軸〟や〝世間軸〟で生きていくこと。言い換えると「他人の価値観」で評価されようと望むことです。たとえば…。

・「親が安心するような進学先（就職先）を選ぶ」

・「知人や友人に『すごい』と褒められるような進学先（就職先）を選ぶ」
・「ママ友に『すごい』と驚かれるようなSNS投稿ばかりを目指す」
このように**他人の評価ばかりを追い求めていては、疲れ果ててしまいます。いつまで経っても幸せな状態には近づいていきません。**
また「私は◎◎だから××でなければならない」と無意識のうちに理想像を自分に課している人も多いもの。その代表が「母親なのだから◎◎でなければならない」という呪縛ではないでしょうか。
・「母親なのだから、子どもには毎日手作りの夕食を出して当たり前」
・「母親なのだから、おやつもできるだけ手作りにすべき」
・「母親なのだから、子どもの帰宅時間には必ず家に居るべき」
・「母親なのだから、自分のおしゃれなど後回しにして、子どもの世話に献身すべき」
周囲の言葉やメディアの言説《げんせつ》をシャワーのように浴びるうちに、直接そうは言われなくても、なんとなくそうだと思い込んでしまう。そんなことは誰にでもあるはずです。

たとえば「女性は家事と育児に専念する。男性は外で働く」というテレビドラマの描写を観て育った世代は、無意識のうちにそう思ってしまいがちです。

でも、そんな〝ドラマの世界〟を受け入れる必要はありません。それはあくまで、自分以外の誰かがつくった作品にすぎません。あなたはあなた自身の価値観を大事にして、オリジナルな人生を切り開くべきなのです。

振り返ると、私は世間一般の「理想の母親像」からはかけ離れていました。塾は夕方から始まります。帰宅は（片づけなども含めると）夜の10時頃になってしまいます。

夫婦で一緒に経営していたので、子どもたちは家で2人。ですから、子どもたちだけで食事をとることになります（食材やすぐ食べられる総菜などは常に台所に用意していましたが）。少しでもおいしいものが食べたくて、肉を焼くなどの簡単な調理は自分たちでしてくれていました。

本人たちにしてみれば、おそらく不満はあったでしょう。「よその家なら、お母さんが夕食を用意してくれるのに…」と感じていたかもしれません。

ただ私には、夕食をつくる余裕などありませんでした。そのかわり毎日朝ご飯は用意して、次男の幼稚園用のお弁当はつくる。そんな線引きをしていました。

いかがでしょう。世間的な「理想の母親」から見れば、過去の私は100点満点中、30点くらいではないでしょうか。

ですが、ちょっと待ってください。**その「100点満点」の基準は、誰が決めたのでしょうか。**

「毎日すべて手作りの食事を提供できる母親」が100点なのでしょうか？　あるいは「子どもが『留学をしたい』『習い事をしたい』などと言い出したとき、まとまったお金をすぐ用意できる母親」が100点なのでしょうか？

それを決めるのは、その人自身であるはず。それこそが自分軸です。

とはいえ自分が決めた自分軸を、他人にまで強要するのはもちろんよくありません。また、他人の理解を求める必要もありません。

たとえば私は誰かに「私の自分軸について、理解をしてください」と思ったことも言ったこともありません。「こんな私のしんどい状況を、わかってください」と思ったこともありません。

どんなときも自分の中で、必ず完結させていました。

「夕食の手作りは難しいけれど、朝ご飯とお弁当の用意は必ずするからね」。子どもたちと、こんな交渉をしていたくらいです。

さあ、あなたも自分軸を修正してみてください。

既成の価値観から飛び出たり、はみ出したりするのを恐れる必要はありません。直感に従い「自分軸」に沿っていきましょう。

それは**「自分自身との約束を守る」とも言い換えられます。**他人から見て、どんなにおかしな自分軸でも、自分さえ納得していればそれでよいのです。

たとえば、堀江貴文さん。彼はお若い時から自分軸を貫いてこられたようにお見受けします。

「大きな仕事を実現させるために、家庭は持たない」「デスクトップ型のパソコンは持たず、スマホだけで仕事を完結させる」「掃除などの時間的コストがゼロで済むように、ホテル暮らしをしている」ｅｔｃ…。

こんな自説を、ご本人の著書で読んだことがあります。これらの生き方は、まさしく〝自分軸〟を貫く生き方です。

このように自分の直感に従い、自分軸を貫く人に対して、非難をする人もいます。いわゆる〝アンチ〟です（89ページ）。

アンチの人たちは、無意識下で「自分軸を貫ける人」を羨ましく思っているのでしょう。なぜなら自分軸を貫き通すことには、多少の怖さもつきまとうのに、それが実行できているから。

だからこそ、**自分軸を見事に貫いている堀江さんのような人を見ると、妬ましく思うのかもしれませんね。**

自分軸を貫ける人。「たとえ、どんな結果になったとしても、自分で責任をとる」という覚悟で生きられる人。そんな人を目指しましょう。

「今まで、他人軸で生きてきた」と気づいた人は、**何歳からでも軌道修正が可能**です。

また、前で「学歴以外の評価軸も大切に」というお話をさせていただきました（128ページ）。

そもそも「学校に毎日きちんと行くべき」という価値観も、世間軸（他人軸）の一つ。「学校に行けない」という小中高校生が急増している今、世間軸を「押し付けすぎないこと」も大事ではないでしょうか。そして、相手の価値観を尊重しながら、善後策を一緒に考えていくことが求められている気がします。

第5章

成長する

苦手なことは頑張らない

会社を成長させるには「選択と集中」（ピーター・ドラッカーの理論）という考え方が必須です。「選択と集中」とは、自社の強みを見極め、そこに経営資源を集中投下することで経営の効率化や業績の向上を図る手法。

この考え方は、「人の成長」にも当てはまります。今よりも高みを目指すのであれば。設定した目標（夢）を実現したいのであれば。

自分の強みを早期に見つけて、そこにリソース（体力やエネルギーや手持ちの時間）を集中的に注ぐことで、夢を実現させていくことが重要です。

つまり、**不得意なことや嫌いなことにまで力を注いで、疲弊してはもったいない。自分が本来したいこと（すべきこと）に専念するためにも、苦手なことはどんどん手放すべき**なのです。

「子育てと仕事の両立」を例に、説明してみましょう。

家事と育児に一人で全力投球した結果、疲れ果て、「自分がやるべき仕事」にまったく手をつけられない。そんな日が続き、「なぜ私はこんなに能力が低いのか」と自責の念にかられ、「それなら仕事を辞めてしまおう」と短絡的に決めてしまったらどうでしょう。

本当は、仕事を手放したくなかったのだとしたら、もったいないことですよね。ですから、自責の念に駆られたり、罪悪感を抱いたりする前に、「やらなくてもよいこと」を決めるべきなのです。

それは決して〝怠惰〟なわけではありません。「仕事を続ける」という目的をしっかり定めたら、「それ以外のこと」がうまくいかなくても多少は目をつぶる。もしくは、「それ以外のこと」は得意な人に任せる（外注する）。そんな方針を立てるのは、立派な戦略です。戦略ナシに、子育てと仕事を両立させたりするのはなかなか困難なことですからね！

実際、私自身、家事全般が昔から苦手。掃除も洗濯も好きじゃないし、料理も得意なわけじゃない。なんなら子育てだって、難しい…。

でも、塾や『瞬読』、通信制高校のサポート校などにまつわる〝仕事〟なら、寝不足になっても楽しく没頭できる。それなら、できるだけ多くの時間を〝仕事〟に割くほうが、私にとっても家族にとっても幸せなはずです。

そもそも脳は「好きなこと」には集中しやすかったり、目覚ましい結果を出したりしやすい性質があります。

苦手なことを頑張りすぎて、ストレス過多になり、笑顔が減っては残念ですよね。

「じゃあ、山中家の家事は誰がやっているの?」そんな問いが飛び出してきそうです。答えは簡単、家事が得意なパートナー(夫)にお願いをしていたのです。手前味噌ですが、私の夫は料理も掃除も子育ても完璧にこなしてくれます。ご両親のしつけの賜物でしょう。また夫は、私の経営面についてもサポートしてくれています。

ですから、山中恵美子の「家事:育児:プライベートや仕事」は「1:1:8」。ただし「育児」は既に終わりかけです。

もしあなたが〝仕事好き〟な場合はパートナーに「家事」が好きな人を選べばいいし、あなたが〝家事好き〟な場合は「仕事が得意な人」を選べばいいのです。もちろん何かあった場合は、相手の役割をサポートし合うのは大前提ですが。

このようにして、みんなが「好きなこと」に没頭できる時間が増えれば、みんなが幸せになるはずです。

「リフレッシュ」「パワーチャージ」。そんな概念と遠いところにいる人を目指す

知り合いのお医者さんから、こんな話を聞いたことがあります。

「山中さん。どんな病気も大本《おおもと》をたどれば、ストレスが引き金になっていることが多いんです。たとえば職場の人間関係のストレスが原因で食べすぎてしまい、結果太り気味になり、生活習慣病をはじめ、肌の不調や消化器系のトラブル、ちょっとした倦怠感《けんたいかん》などのトラブルを発症してしまう…。とはいえ、そんな人に『痩せましょう』と繰り返し告げるだけでは、食べすぎなどの生活習慣は改善されません。根本に『ストレス』があることに患者さんが自分で気づき、過食をやめることができれば、理想的なんですけれどもねぇ」

それからの私は、なるべくストレスフリーな生活を心がけるようになりました。

もちろん生きている以上、ストレスがゼロになることなんてありえないでしょう（別のお医者さんによると〝適度なストレス〟は必要で、「ストレス＝ゼロ」になるのを目指す必要はないそうです）。

できる範囲で、私と一緒にストレスを減らしていきましょう。

私の場合、最も大きなストレスは「時間」に追われることかもしれません。

全国に出張する際は、どうしても分刻みで移動することになります。それに加えて、運営している塾や『瞬読』にまつわる、期日つきのお仕事も同時進行。

さらには、事前に開始時刻を予告済みのオンラインライブやＣｌｕｂｈｏｕｓｅ。これらは、自分がやりたくてやっていることではありますが、「毎日やり遂げること」はなかなか大変なことです。

ですが、応援してくださる方のことを思い出すと、瞬《また》く間にモチベーションが上がり、楽しくなるのが不思議です。

受け取ってくださる方の顔を思い浮かべるだけで気持ちが温かくなり、「間に合わないかもしれない」という焦りを一旦忘れ、自分のやるべきことに集中し、結果的に間に合わせることができます。アウトプットの質も、高く保つことができています。

皆さんも、**自分なりのストレス解消法をいくつか確保しておいてくださいね。**

私は、**人間の理想形とは、起床直後から就寝直前まで、元気に動き回れる体**だと思っています。言い換えると**「休日にリフレッシュしよう」「休暇をとって充電しよう」などと**

思わなくてよい体です。つまり「『パワーチャージしなきゃ』と思わない人」は、常にエネルギッシュな人なのです。

わざわざ時間をとってパワーチャージをするのではなく、毎日こまめに体をメンテナンスしたり、毎食の食事を丁寧に摂ったり、毎晩の睡眠にこだわったり。

なかなか難しいことですが、疲れは溜めないようにしたいですね。

今不幸なのは、それまで「誰にも喜ばれてこなかった」から

「なぜ私は不幸なんだろう…」。そう悩んでいる方に、一つお尋ねさせてもらいますね。
「あなたは、今まで誰かに喜ばれたことがありますか？」

もし、思い当たることが〝一つもない〟場合。あなたの不幸の原因は、それだと思ってください。つまり、**今まで誰にも喜ばれてこなかったから、あなたは自分自身を「不幸だ」と感じている**のです。

そもそも人の幸せとは、贅沢を楽しむことだけではありません。富や名声を得ることだ

けでもありません。**「誰かに喜ばれた」ことが多い人ほど、幸せな人なのです。**

なんだか偉そうに聞こえたらごめんなさい。実は私自身が「誰にも喜ばれてこなかった」人間だったから、よくわかるのです。

これは、玉の輿婚を経て、夫の収入で悠々自適で暮らしていた時期のこと。「誰かに喜ばれた」という記憶なんて、私にはほとんどありませんでした。

理由は簡単。「豊かに暮らせているのは、私自身の力」という大きな勘違いをしながら、楽しく暮らしていたからです。普通に子育てはしていましたが、「家族を喜ばせたい」という使命感は希薄だった気がします。

しかし、FXで1億円の損失を出したおかげで生活は一転。しばらく呆然としたことを覚えています。

収入が突然途絶えるわけですから、「節約しなければいけない」というのはわかっています。「これから自分で稼がなければいけない」という状況にも、気づいています。

とはいえショックが大きすぎて、いろんなことが手につかない…。そんなとき、私は地域の図書館に通い、膨大な時間をやり過ごしていました。

以前の私なら、ちょっとでも時間ができたら「素敵なカフェでおいしいものでもいただこう」とルンルン気分で出かけていたでしょう。でも、そんな余裕はもうありません。素敵なカフェに入るどころか、100円ちょっとの缶コーヒーを買うことすら、ためらわれるようになりました。

また、家で過ごすと光熱費がかかってしまいます。エアコンをつけるのも惜しくて、外で長時間過ごせるところはないかと考えた結果、たどりついたのが「図書館」だったのです。

その図書館で、手にとった本を濫読《らんどく》するうちに、不思議と**同じことを説く文章ばかりが目に留まる**ようになりました。自己啓発書はもちろん、ビジネス書でも、さらには小説でも…。

「人は世のため、人のため、お役に立たなければいけない」、そんな意味のメッセージが視界に飛び込んでくるようになったのです。

そのときの私は、こんな言葉を書き留めてもいます。

「生涯世のために自己を生かす」（※最近、この言葉の出典を探しましたが、なかなか見つかりません）

この言葉は、私の心に大きな影響を与えてくれました。

それから、見える景色が変わってきました。読む本のチョイスも、変わってきました。西田文郎先生（16・41ページ）の著作に出合ったのも、この頃です。

そして、ようやく私は素直にこう思うことができたのです。「誰かに喜ばれたい」「誰かの役に立ちたい」

その頃、長男が「塾に行きたい」と言い出します。

「塾を開業すれば、人のお役に立てるかも」。私は直感でそうひらめいたのです。

そして「誰かに喜ばれて役に立ちたい」という思いで走り続けた結果、1つ目の塾を成功させることができました。まるで奇跡のようですが、その後も30教室にまで展開できました。

ですから、あなたも自問自答を繰り返してみてください。とはいっても「なぜ私は不幸なんだろう」という問いを繰り返しても、無意味ですよ。

「どうすれば、誰かに喜ばれるのだろう？」
「どうすれば、誰かのお役に立てるのだろう？」

この問いは、すべての人を成功へと導く魔法のフレーズです。

ボロ儲けできるのにしない人こそ「真の幸せな人」

読書は、世界を広げてくれます。もうお会いできない人についても、教えてくれます。
私が読書を通じて知った、ある偉人についてお話しさせてください。その偉人とは、発明家の政木和三《かずみ》さんのこと。著書も多いので、読書家の方なら既にご存じかもしれません。
私は政木さんの能力はもちろん、その考え方や生き方に大きな感銘を受けました。

政木さんは大阪帝国大学（現・大阪大学）の工学部で、航空工学、通信工学、造船工学、建築工学などあらゆる学問を学ばれ、その後「大阪帝国大学工学部工作センター長」にもなられた方です。

発明の能力に優れていて、**発明品の数は1000件以上とも3000件以上ともいわれます。**その発明件数の多さから「日本のニコラ・テスラ」とも称される方です（ニコラ・テスラとは、セルビア系アメリカ人の物理学者。エジソンとの「電流戦争」に圧勝し、一躍時の人となった発明家)。

政木さんが発明されたものを挙げると、電気炊飯器、瞬間湯沸かし器、エレキギター、自動ドア、魚群探知機、CTスキャン、歯科治療ドリルなどなど。便利な現代社会の礎《いしずえ》を築いてくださった偉人なのです。

ところが驚くべきことに、政木さんは**自身の特許の多くを手放して(無償で公開して)いました。その結果、一般企業などでの新製品開発が促され、日本の家電メーカーは大きく発展**したといいます。

実際、彼が大阪大学を退職するときには、日本の五大家電メーカーのトップたちが、政木さんにお礼を述べに訪れたそうです。「もし政木先生が特許料を受け取っておられたら、数千億円になっていました。大変ありがとうございました」と。

平たくいうと、**政木さんは自分の能力を活かして得られるはずだった大金を、受け取らなかった。つまりボロ儲けができるのに、しなかった**ということです。

このエピソードを聞いたら、誰でも「どういうこと?」と驚きますよね。「自分の努力や労働の対価としてのお金なのだから、受け取ってもいいんじゃない?」そんな見方もできるでしょう。

政木さんが何かをつくろうとするとき、一瞬で設計図がひらめくことがよくあったそうです。また「人々が幸せになる発明をしなさい」という教えも、受けていたのだとか。そんなことから「特許は公開する」というポリシーを持つようになられたのかもしれません。政木さんは「真に世のためになる」ことを突き詰めて考え、実践された方だと思います。そして、**政木さんのおかげで多くの人が幸せになったし、政木さんご本人もきっと幸せな生涯を送られた**と思います。

私もそんな生き方をしたいと願っています。

突然仕事を辞められるくらい、自分の「稼ぎ力」を磨け

さまざまなことが起こる。それが人生です。わかりやすい例は、「結婚」「出産」「育児」などのライフイベントでしょう。

自分が設定した夢や目標がある場合、体や心、環境などの大きな変化にしなやかに順応し、進むべき方向を見失わないことが重要です。

たとえば、ビジネスパーソンであるなら、プライベートでの大きな変化を乗り切るため

に「仕事（働き方・職場）を変えたほうが絶対にいいだろう」と思う瞬間もあるはず。でも、なんらかの事情でそれをためらってしまうとしたらもったいないですよね。

だから、**人生がうまくいっている余裕がある時期にこそ「変化に対応しやすい自分」をつくっておきたい**ものです。

お恥ずかしいのですが、私の実例をご紹介しておきましょう。大学卒業後、アルバイトの延長でテレビ局に勤めさせてもらっていた時期のこと。「失恋をして、職場にいづらくなり、転職した」という痛い経験があります（11ページ）。

交際相手とは職場に共通の知り合いもいたため、私たちの関係については職場の皆が知っていました。破局の原因は彼の浮気。バレンタインデーに新幹線に乗って、サプライズで彼の自宅を訪れたところ、彼の二股交際が発覚したのです（まるでドラマを観ているようでした）。

職場から何か言われたわけではありませんが、そこに勤め続ける限り、彼に関する話はイヤでも見聞きし続けることになるはず。そこで私は潔く退職。幼少の頃、一時期住んでいた名古屋に〝逃避行〟しました。

もし大阪の実家で暮らし続ければ、親に気苦労をかけかねません。それなら「土地勘のある名古屋で、アルバイトから始めればいい」とポジティブに将来を設計し直したのです。

そのときのバイト先の「家庭教師の派遣会社」での事務の仕事で、当時経営者だった夫と出会い、のちに結婚するわけですから私は相当ラッキーだと思います。

「大阪のテレビ局勤務をやめて、名古屋でアルバイトをゼロから探そう」。そんな選択をする人は、普通は珍しいかもしれません。でも、**「普通」って人それぞれ違いますよね。**

勤め先が、いくら有名企業だったとしても。別れた彼氏の情報が常に入ってきたり、「あの2人、別れたんやって」と陰で言われたり、「失恋したのだから」とあれこれ周囲に気遣われたり……。そんな環境には、私は耐えられない気がしました。だから、潔く環境を変えてよかったのです。

でも人間、「潔さ」だけで行動し続けるのは難しいもの。行動のための、ちょっとしたお金も必要です。

「名古屋に行けばなんとかなる」という直感に従い、それを行動に移せたのは、わずかでしたが貯金があったおかげ。それまでに働いたお金があったからです（もちろん、気ままな独身者だったからできたこと。一家の大黒柱であれば、ここまで自由には動けないかもしれません）。

お金とは贅沢をするだけのものではありません。いざというときの行動を後押ししてくれるもの。だから、そのための**軍資金も、余裕があるうちにはためておきたい**ですよね。

幸せになったら誰かの役に立つと、充足感がもっと得られる

周りに感謝をすることの重要性については、前にお話ししました（144ページ）。周囲からの恩恵を噛みしめたら、次は自分がご恩を返していきましょう。

ただし、大事なことは**自分が直接お世話になった人に、ご恩を返す「恩返し」ではなくてもよい**という点です。

特定の誰かに恩返しをしようとしても、その人の消息がまったくわからなかったり、恥ずかしさが先に立ってなかなか行動ができなかったりすることも、思った以上にあることでしょう。残念ながら、その人が既に他界されていることもあるかもしれません。

ですから、自分が受け取った恩は、まったく関係のない第三者に受け渡すのでもいいのです。それがいわゆる「恩送り」と呼ばれるものになります。

私たちもそんなマインドを取り入れられれば素敵ですよね。

私の恩送りは、ＥＭＩ高等学院を創設したこと。

居場所に困っていた子どもの頃、私と友達になってくれた子、手を差し伸べてくれた大人。そんな人たちへの感謝の気持ちを「学校をつくること」で恩送りしたいと思い、ようやく実現させました。

「今度は私が、不登校で悩む当事者や、そのご家族のお役に立てれば…」。そんな思いでいっぱいなのです。

実際、私は多くの生徒さんたちに接するなかで、何人かの「突然学校に行けなくなった子」に伴走をしてきました。また不登校の子の多くは自宅にひきこもり、鬱々《うつうつ》とした時間を過ごしています。

それをなんとかできないかと考えた結果、つくった学校がＥＭＩ高等学院なのです。

ですから、このＥＭＩ高等学院で大金を稼ごうという気は、さらさらありません。私の恩送りプロジェクトなのですから、「利益が出るか出ないか」なんて二の次（とはいえ、スタッフさんや協力してくださった方々にはお支払いはしないといけないので、完全にボランティアでというわけにはいきませんから、ある程度の収益を見込みながらではありますが)。

「EMI高等学院のおかげで、助かった」という人を一人でも増やしたいだけなのです。

私は50歳を過ぎて、ようやく恩送りができる立場になりました。

一時期は教育制度を改善したくて、政治の世界に足を踏み入れようかと迷った時期もありました。でも、私が発言力のある大物政治家になるには、どんなに頑張っても今から数年はかかるでしょう。

その間に、既存の学校制度にうまく適応できないというだけで、高卒資格や学歴を手に入れられず、結果的に可能性を断たれてしまう若い人たちも多いはず。

私には、それが耐えられないのです。だから1日も早く、そんな人たちの受け皿となれるようなシステムを整えたいと思ったのです。

このEMI高等学院が軌道に乗ることができたら、不登校への偏見が薄れたり、「教育制度そのものも見直そう」という方向に世論も動き始めるはずなのです。

そこで、今の私は多くのリソースをEMI高等学院に注いでいます。

社会的に見れば小さな動きに見えるかもしれません。でも、いいのです。やがて大きな波紋を呼ぶことを信じています。これが、私なりの恩送りです。

成約率なんて確率の問題。一喜一憂するのは損しか生まない

人の感受性には大きな差があるものです。

たとえば、人に頼み事をして断られたとき。それを「悔しい」と感じる人もいれば、ケロッとしている人もいる。どちらが生きていきやすいかといえば、もちろん後者でしょう。また、何らかの夢を実現したいときも、失敗を気にしないでつき進める分、後者のほうが成功しやすくなるはずです。

実際、塾の開業のため、講師を集めようと思ったとき。**私は約500人の大学生に電話をかけて、断られ続けたことがあります。**

営業職の方なら、同様の経験をされたことがあるかもしれませんね。そう、いわゆる「テレアポ」です。要は**「ご家庭に突然電話をかける」という手法**です。

当時はスマホもないので、ご家庭の固定電話に連絡をして、「息子様（娘様）にアルバ

イト講師の件でお願いがあり…」と用件を伝え、ご本人に取り次いでもらい、アルバイト講師を打診していました。

とはいえ、相手は大学生ですから、日中は留守であることも多いもの。夜に電話をかけるのは失礼でしょうから、どうしても日中になってしまいます。

そんな場合は、こちらの電話番号を伝えて、折り返してもらえないかとお願いしていました。

かけた電話の9割が「折り返しをお願い」して終わっていた気がします。

しかも、実際に折り返しの電話をくれる大学生は、ほとんどいませんでした。

その後、直接会ってもらって「講師の仕事」を依頼するといったように、ちゃんと話ができたのは2人だけ。その2人が初めの先生となります。

つまり成約率は、500人電話をかけたうちの2人。0・4%ということになります。

あなたはそれを「えっ!? たった2人…」と思いますか？ それとも「2人も来てくれた〜。嬉しい！」と思いますか？ **私はもちろん、後者**です。

なぜなら、私は最初から**「それくらいの低確率だろう」と腹を括《くく》っていたから**です。ですから、「うちの子は今、留守なんです」と言われても、ご本人から電話ごしに断られたりしても、めげることはまったくありませんでした。そこで落ち込んだり、**めげている時間のほうがもったいない**（笑）。

だって、電話で塾講師のアルバイトを**断られたからといって、自分の人格まで否定されているわけではありませんからね。**

どんな対応を受けても、私は丁寧にお礼を述べて電話を切り、また新たな気持ちで次の電話番号を押していました。

何かに成功しようと思ったら、これくらいの不屈のマインドが重要です。

感受性が強いよりも、**ちょっと鈍感なくらいでよい**のです。生真面目で考え込む人ほど、最初からは難しいでしょうが、そのことを意識して繰り返すうちに次第に慣れていきますよ。私もそうでしたから！

「TO DOリスト」より、「やらないリスト」のほうが大事

前に「苦手なことは頑張らない」というお話をしました（178ページ）。

では実際、どうすれば〝うっかり頑張らずに済む〟か、具体案をお話ししておきますね。

簡単です。**「やりたいリスト（To Doリスト）」ではなく「やらないリスト（Not To Doリスト）」をつくればよい**のです。

恐らく本書をお読みくださっている多くの方は、ついつい頑張ってしまいます。真面目な人ほど、そうです。だからこそ**「やらないこと」を言語化、見える化し、心に刻んでおきましょう。**私のリストは次の通りです。

【山中恵美子のやらないリスト】

①洋服を自分で選ぶこと（↓お気に入りの3軒のお店でしか洋服は買わない。取材を受けるときはプロのスタイリストさんに任せる）
②ヘアメーク（↓プロのヘアメークさんに任せる）
③家事（↓なるべく家族に頼む）

【山中恵美子のやりたいリスト】

①毎日のSNSの発信やライブ配信

②テレビ・ラジオの出演、講演会の登壇
③取材対応

「やりたいリスト」という名前から、好きなことしかしないわがままな印象を与えてしまうかもしれません。

でも誤解しないでくださいね。これは「自分が得意なこと」、そして「自分が貢献できること」というニュアンスです。

「あまりお役に立てないこと」に時間を割くよりは、「よりお役に立てること」に時間を注いだほうが（私がワクワクするのはもちろんですが）周りの方にも好影響を及ぼすはずです。

「『やる・やらない』を自分で決められるなんて、いい身分だなぁ」

そう感じる方もいらっしゃるでしょう。でも私が自分で「やる・やらない」の線引きをしないと、周囲にまで迷惑がかかることがあるのです。

そう気づけたのは以前、10人ほどの社員に同時に辞められたときでした。お恥ずかしい話ですが、スタッフが集団で辞めたあと。業務を一時的に回せなくなってしまいました。

もちろん、それは経営者である私の責任です。スタッフが集団で辞めても、業務が滞らないような仕組みづくりを怠っていたわけですから…。

そこで猛省した私は「あの人でなきゃできない」という「属人性の高い業務」を「マニュアルがあれば誰でもできる業務」へと変えていきました。結果、スタッフが多少流動的であっても、業務をうまく回せるようになったのです（辞めないような仕組み作りも、もちろん同時にしましたが）。

その学びは、経営者である私自身にも適用。「山中恵美子しかできない業務」を、現場からなくし、**山中恵美子がいなくても、日常の業務が滞らないようにしました。そして私は「山中恵美子しかできない仕事」に集中すると決めた**のです。

ですから今は、優秀なスタッフたちが現場を切り盛りし、かつ業務を拡大し続けてくれています。マニュアルがあるので私じゃなくてもこなせますし、同時にその領域で集中していただくことで、私以上に得意な人も出てくる可能性があるので。

私は常に現場にいなくても大丈夫。ときどき決裁をするだけで大丈夫。

おかげで、私は安心して「作家・山中恵美子」「経営者・山中恵美子」としての活動ができています。

当たり前の話ですが、経営者でしたら現場を手伝ってはいけないのです。経営者は、経営者としての土俵で結果を出すべきなのです。

この原則は、個人レベルにも当てはまります。あなたも、あなたの立場で2つのリストを作成してみてください。

第6章

好きなことを実現させる

返事も行動も0・2秒。直感に正直になれ

素早い反応や素早い行動は、成功に必須です。たとえば、メールをもらったら即レスをする。本をすすめられたら、すぐに買って読んで感想を話す。

スピード感のある姿勢は、信頼を得るための近道です。

ですから私は**「返事は0・2秒」「行動も0・2秒」を行動の信条**にしています。

「返事は0・2秒」という教訓は、もともと西田文郎先生から教わりました。西田先生は、脳科学を40年以上も学んでこられた方です。

西田先生によると、外界からの刺激に対してわずか0・1秒、遅くとも0・2秒以内で、感情を司る脳の部位（右脳）が働いてイメージがわきます。それに対して、「どうしよう」と考える理屈を司る脳（左脳）は、0・4秒経ったのちに思考が働き出します。

つまり、イエスかノーかを問われたとき。それについて**論理的に考える前に、感情（直感）に従って判断しなさい**というのが、西田先生の教えなのです。

ですから私は今でも「仕事をするかしないか」迷ったら、直感で判断することがよくあります。スケジュールがタイトだとわかっていても、どうしてもやりたいお仕事にお声がけをいただいたら「YES!」その話を持ってきてくれた人の様子がおかしかったり、危ない雰囲気を感じたら「NO」。このやり方で、9割以上のことがちゃんとうまくいっていると思います。

これは「YES」か「NO」かを答えるだけであり、具体的に細かいことを伝えたりする作業ではないので、直感だけでほとんど解決できる話なのです。

実際、仕事上で少しかかわった際に、強い不信感（=違和感）を覚えた人のことを突然思い出してネット検索したところ、詐欺で逮捕されていたことがあります。私が、その人に対して最初に抱いた〝違和感〟は正解だったのです。これは私が特別に勘が鋭いわけではなく、誰でもできることです。

ですから、直感を研ぎ澄まして、それをキャッチしやすくしましょう。そしてキャッチできたら、信じましょう。直感とは、脳がこれまでの出来事や知識、経験から「最適値」と感じたもの。100%正解なんて神様じゃないからできませんが、とはいえ恐らく皆さんが想像する以上に精度は高いと思います。

また直感を磨くには、インプットとアウトプットのどちらも活発に行うことが大事です。たとえば、読書をするというインプットだけではなく、そこで学んだことを話したり書いたりするというアウトプットを目指したいものです。

また**長く考え込んでしまうようなことがあれば、早期に解決して、頭の中身は常に出し切っておければ理想的**です。なぜなら、直感をキャッチしやすくなるからです。また**アイデアもやる気も、余裕のある脳から生まれてきます。**

そのためには、**手書きのメモがおすすめ**です。

アウトプットの見た目なんて汚くても大丈夫。何かを思いついたら、ノートにすぐ書き留めることです。

ノートというと原始的に思えるかもしれませんが、アイデアを膨大に書き留め、すぐに引き出せるツールとしてはやはり優秀です。スマホのメモ機能でもよいですが、手書きすることで**より多くの刺激を脳に与えることができます。**

「とはいえ、**直感に従い続け、仕事を請け過ぎてしまったらどうするんですか?**」

そんな質問もよくいただきます。

大丈夫です。「やる」と決めたら、人はどんなにタイトなスケジュールでもこなせます。

精神論や根性論に聞こえるかもしれず、その部分が多少あるのは否めませんが、**「ゴール」から逆算して予定を組み立てるスピードが格段に速まるから**です。

たとえば、自分が抱えている業務のうち、不得意なものや気が進まないもの、誰かにお任せできるものは、それが得意な人（好きな人）にお願いする。その決断や実行が早くできるようになります。

職場であれば仲間や上司に相談、交渉する。自営業者であれば、外注する。家庭のことであれば、家族や同居人、外注サービスにお願いする。

そして「自分しかできない」という属人性の高い仕事から仕上げていけばよいのです。

実際「自分でやらないといけない気がする」と悩んでいたりすると、その迷いは潜在意識にも伝わります。その迷いは残り続け、いつまで経っても、できない状態のまま…。だから「やる」と決めることが大切です。

「行動も0・2秒」というのは、「やると決めたらすぐに行動せよ」という意味です。

私は母がそろばん塾を運営していた影響で「短時間で多くの暗算をすること」がいいこ

と、という姿勢がしみついています。「一定時間の中で、大量のタスクをこなせる人が偉い」という価値観があったのです。

おかげで、今でも行動は早いです。幼い頃からタイムパフォーマンス（タイパ／費用対時間）を上げることを狙ってきました。「1分間で、どれだけの作業ができるか」自分に課して、行動するのが好きな子だったのです。

総括しておきましょう。

「やる・やらない」の決断は0・2秒。その後、「どうすればやり遂げられるか」については、動いてから考えるくらいで、十分です。

天才でなければ泥臭くなるのが成功への近道

早い時期から自分の強みに気づき、能力を高めたり技術を磨いたりして、それで稼げている人は幸せな人。わかりやすいように、本書ではそんな「何かに秀でた人」のことを〝天才〟と呼ぶことにしましょう。

視野を広げて見ると、〝天才〟とは、ひと握りの〝超レアな人〟。あくまで私の肌感覚の話になりますが、全人口の1%もいないのではないでしょうか。

ですから「私には何も取柄がない」「稼ぐスキルもない」なんて引け目を感じる必要はありません。実際私自身、才能も学歴も資格も人脈もお金も「ないない尽くし」のところから、30代半ばで塾を開業したわけですから…。

「自分は〝天才〟でない」と気づいたとき。どう頑張れば成功するかについてお話ししてみましょう。その秘訣は、このひと言に尽きるはずです。

「天才でなければ泥臭くなれ」

つまり、私たち凡人はちょっとした〝努力〟や、〝真面目さ〟〝勤勉さ〟〝マメさ〟を積み重ねることで、天才とは違うルートで成功へと近づくことができます。

そう、**成功への道にはさまざまなパターンが存在します。だから自分にぴったり合ったルートを見つけることが大事**です。その人が、今の生活を（できるだけ）変えないまま、何か1つでも多くの行動を泥臭くてもいいから、継続すればよいのです。そして、習慣化できれば理想です。

【成功へのステップ】

①自分の「目標（夢）」を定める
②自分の目標に関連する何か一つのことを「やり続ける」と決め、周囲に宣言する
③「やり続ける」と決めたことを、（毎日）継続する
④周囲に「決めたことをやり続ける人」と認知され、信用されるようになる
⑤結果、自分の目標の実現を応援してくれる人も、自然に増え始める
⑥支援者が増えたことで、モチベーションがアップしたり、実現の知恵まで授かることが増えたりする
⑦「目標」を達成できる！　成功へも近づく！

④の「決めたことをやり続ける人」と認知される効果こそ、泥臭さが生む賜物ですが、実ははかりしれないほど大きなもの。

それだけでかわいがられることもあるほどです。**裏を返すと、それだけ「決めたことをやり続ける人」は少ない**わけです。「そんな泥臭いこと…」と、多くの人が途中でやめてしまうからです。ですから、有言実行の人になればよいのです。

このステップを踏むと、「天才」でなくても成功へと近づくことができます。私はそれ

を**「何歳からでも、オセロは裏返せる」**と表現しています。これって、勇気の湧いてくるフレーズだと思いませんか。

私は、すべての人に諦めてほしくないのです。

「自分には才能がない」「賢くないのは生まれつきなんだ」などの理由を見つけて、「できなくても当たり前なんだ」と自分を説得してほしくないのです。

実例も挙げておきましょう。

私の場合は、「インスタライブ」を100日連続して開催しています。

また、「Clubhouse」を300日継続しています。そのおかげで作家の本田健さんや和田裕美さん、書道家の武田双雲さんなど**錚々《そうそう》たる人たちとつながることができました。**

また、自分のコミュニティ内で開催している朝活は、もうすぐ1000日になります。

そんな事実からも「一つのことを泥臭く継続している人は、信用されやすい」と実感しています。実際、世の中に存在を知られたり、認知されたりするには、「続ける」ことが遠いようで近道なのです。ぜひ、泥臭くなってみてください。

最後に捕捉をさせてください。

ある一定の段階までくると、最初に「やり続ける」と決めたことから**卒業し、次に「やり続ける」ことを設定したくなるかもしれません。それ自体は、とても歓迎すべきこと。それこそが人の〝成長〟**です。

もしくは**卒業しなくても、どんどんバージョンアップするのもお勧め**です。

実際に成功者の中には、満足のいく人生を手に入れても、何かを「やり続ける」人が多いもの。だから、その人は成功者でい続けているわけです。要は**「成功」と「やり続ける」ことは、セット**なのです。

とことん、周りを頼れ

困ったときは、周囲に応援や助けを求めていい。私はそう考えています。一人の力では解決できないことが、誰かの力を借りることで可能になる。それは、素晴らしいことですよね。

とはいえ、関係性の薄い相手に、急にお願い事をするわけにはいきません。また「一方的に頼ってばかり」というのも気が引けますよね。

そういう意味では、普段からのおつきあいがとても重要です。

ありがたいことに、自分なりに頑張ってきた結果、今はクラウドファンディングでサポートを呼びかけると、数日で数百人単位の支援者が集まってくださることなどもありますが…。

こう書くと、なんだか偉そうに聞こえるかもしれません。でもご安心（？）ください。**昔の私には、支援者なんて一人もいませんでした**から（笑）。

たとえば、私が塾を開業したときは、どこの金融機関からも融資を受けられず難儀《なんぎ》したものです。

日本政策金融公庫などの融資も「実績がない人には貸せない」と審査で落ちて、受けることができませんでした（今は「女性の起業」等、さまざまな条件で融資を受けやすくはなっているようですが）。そこで、泣く泣く家族を頼ることに…。

「30代半ばにもなって親にお金を借りるなんて恥ずかしい」。もしかすると、そんな考え方もあるかもしれません。

でも夢の実現のために、支援がどうしても必要ならば。また、本人が了承してくれているのならば。私は、頭を下げて支援を受けていいと思います。

「親に借金をするなんて」という**ちっぽけなプライド（思い込み）のせいで、夢の実現をあきらめてしまうなんて、そのほうが一生後悔する**でしょう。

そんなわけで、ちょっと生々しい話になりますが、私は父から退職金（の一部）を借りて開業資金にあてました。具体的にいうと300万円を借りて、初期に200万円を投入しました。残りの100万円は、当座の運転資金としました。

その父から借りた300万円は、1年で返済。その後も、両親を食事や温泉旅行に招待するなど、親孝行は続けているつもりです（『瞬読』という書籍の出版記念パーティーに両親を招くことができたのは、中でも最大の親孝行だったと思っています）。

話は戻りまして、初期費用の200万円の内訳は次の通りです。

❶場所代（賃貸契約料）…80万円
❷設備代（中古机・コピー機・電話など必須なものの購入費）…40万円
❸広告費…80万円

いずれも最低限しかかけていない超節約コースです。

たとえば❶の場所代。これは敷金などと、数か月分の家賃です。信用のない私が駆けずり回ってようやく探し当てた物件ですから、教室といっても「事務所」を居抜きのまま借りた小さな部屋でした。

❷の設備代もカツカツです。立派なデスクや椅子は用意ができず、長机にパイプ椅子で最初は我慢しました（その後、生徒さんが急増したので、すぐにグレードアップできました！）。

また、本当は塾の看板が欲しかったのですが、そこにお金をかけるのは潔く諦めました。「看板をよく見ていたので、入塾を決めた」という集客の方法は確かにあります。でも、そうやって認知を広めていくには一定の時間がかかるもの。私の場合、そんな悠長なことはやっていられません。

ですから、看板を掲げるくらいなら、新規顧客開拓のため、広告費として投資をするのが得策だと考えたのです。「看板もない塾」なんて恥ずかしいのですが、そこはぐっと我慢です。**「『使うべきところ』と『使わないところ』を区別し、使うべきところには惜しみなく使う」。これは、ドラッカーが提唱している「選択と集中」の考え方そのもの**ですよね。

そして❸の広告費は、すべて集客目的の新聞の折り込みチラシです。当時はインターネットも一般的ではなく、チラシの配布が最も効果的だと考えたのです。チラシの作成から配布までで、80万円。それで15件の反響をいただき、その全件を面談に持ち込み、結果、全員に入塾してもらうことができました。

あとからわかったことですが、塾業界において「15人から反応（問い合わせや応募）をもらい、15人が入塾」というのは、普通はあり得ない成約率の高さです。

「実績もお金もないのに、どないすんねん！」と自分にツッコみ続けた日々でしたが、必死な思いがあれば、心ある人には通じます。だから**人生、見切り発車でいいのです。動いてから考えればいい**のです。

また、親に300万円を借りたことで**「後戻りができない」という意識が強くなった**ように思います。つまり周りを頼ることで、モチベーションを高く維持することもできるのです。

皆さん、周りにうまく頼りましょう！

大失敗の後には大成功というご褒美が待っている

前に、電話による塾講師依頼の成約率が0・4%だったことをお話ししました（196ページ）。でも、私はまったくめげませんでした。

お仕事の依頼に限りません。私はすべてにおいて「失敗すること」を躊躇《ちゅうちょ》していないのです。むしろ「失敗して当たり前」「うまくいかなくて当然」くらいに捉えています。**最初から失敗を織り込み済にしているから、「うまくいかないこと」にショックなど受けないのです。**

要は、**期待値が最初からゼロ。**だからがっかりしたり、落ち込んだりしないのです。

たとえば100の事業を展開し続ければ、そのうち少なくとも1つの事業は当たるでしょう。そうすれば、**その1つにリソースを注げばよいだけ。**残りの99の事業が不調だからといって嘆く必要はありません、というか悩んでいる時間と神経がもったいないです。

100の事業をすべて成功させたいと思うから、苦しくなるわけです。

実際、私は最初の「個別指導型」の塾の成功体験をもとに、「塾」という枠組みの中でそのバリエーションを増やし、展開させようと試みてきました。

たとえば、「集団塾」。「個別指導」ではなく、「一人の講師が数（十）人の生徒に向けて授業を行う」というスタイルです（多くの進学塾が、高効率なこの形式を採用しています）。

集客には自信があったので、挑戦してみたのですが、結果は惨敗。3年で撤退しました（「集団塾」の集客については、過去の難関校合格の実績が大きくものをいうということが、あとからわかりました）。

医学部・歯学部・薬学部など医療の道を目指す高校生のために「医歯薬予備校」もつくりましたが、さほど生徒さんが集まらず、やはり2年で継続を中止しました。また日本史を教えたり、道徳、徳育などを行うことで、人格形成を目指す塾もつくりましたが、これも3年で断念。

そんな紆余曲折のあと『瞬読』を開発したところ大ヒット！　最初は生徒向けのサービスのつもりで単独の講座にはしていませんでしたが、親御さんから人気に火がつき、大人にまで喜ばれる単独講座へと成長しました。

ですから、私は新しく始めた事業をやめること（＝事業撤退）を、恥ずかしいと感じたことはありません。

「損した…」とか「負けた」とも思いません。むしろ「経験値を上げられてよかった」「新しい知見を得られてよかった」と捉えています。「失敗は成功の基」とは言い古された言葉ですが、とはいえ、**失敗して初めてわかることは、本当にビックリするくらい多いものです。**

自分のことを冷静に見つめることができたり、周りのことを考えることができたり。失敗することで自分に足りない要素にたくさん気づけるわけです。

今ではむしろ、「失敗」しそうになるとワクワクするようになったくらいです。「大きな成長がこのあとやってくるぞ。ラッキー！」というノリで。

このように失敗を積み重ねてこそ、人は強くなれるものです。そういった意味では、失敗の規模が大きかったり、失敗の回数が多いほど、伸び代がある人です。

言い換えると**「大きなマイナスに傾いた人」ほど、「大きなプラス」に転じていきやすい。**振り子の法則と同じですね。

私の成功は、そのすべてが「失敗の経験」から始まっています。あなたも、そんな話を見聞きしたことはありませんか？

たとえば莫大な借金を背負ったところから、再起した経営者。不幸な目に遭ったところから、再起した芸能人…。皆さん、たくましいですよね。

私の場合、失敗は次の3つに大別できます。

❶仕事が一瞬でなくなる（11・190ページ）
❷人が一瞬で離れる（16・199ページ）
❸お金が一瞬で消える。（13ページ）

これらの〝失敗〟が今の私をつくっています。だから、これらの失敗に今の私は感謝をしています。会社を去っていった人たちにすら、感謝をしています（もちろん私に落ち度があったので、その点は今でも申し訳なく思っていますが）。

人生は振り子の法則です。もし大きな失敗をしてしまったら。大きな幸福を手に入れられると捉えましょう。

人生において、マイナスとプラスの「絶対値」は同じ。マイナスの方に大きく振れた人ほど、同じレベルだけプラスの方に振れるもの。だから、大きなマイナスは素晴らしいのです。

もし、あなたが大きな失敗をしていないのなら。これからの〝失敗〟を織り込み済みにしてしまいましょう。

どんなことにも、無駄なんてありません。起こることすべてに意味があります。だから失敗を恐れすぎないでほしいですし、嫌いになりすぎないでほしいのです。

私はこれからEMI高等学院の運営で、失敗するかもしれません。失敗したら笑う人もいるかもしれません。全然恐れていないというと、今回くらいのレベルになるとさすがにそうとは言い切れません。もちろん成功のために全力を尽くしますが、仮に失敗してもその失敗はすべて私の財産になるのです。しかもかなり大きな財産に…。

そう考えることで、**動かないことが最ももったいないと思って**くださる方が、ひとりでも多く出てきてくだされば冥利に尽きます。

「人の思いが込められたもの」を選ぶ

好きなことを実現させるには、日々の暮らしの中でこだわりをほんの少しだけ持つことをおすすめします。要は**「誰かの思いが込められたものを選ぶ」**こと。

ミーティングの場所は「どんな店でもいい」、食事をするときは「お腹が満たされるならなんでもいい」、眠るときは「寝具なんて何でもいい」ｅｔｃ…。

忙しいほど、ついそうなってしまいがちかもしれません。でもそんなときこそ**「自分の気持ちを高揚させてくれるもの」を選ぶようにしてみてください。**心が満たされ、余裕が生まれるはずですから。

たとえば外食の際のお店選びを例に挙げてみましょう。

「旬の素材にこだわるお店」「オーガニック食材を扱うお店」「シェフの評判がいいお店」「スタッフのサービスが行き届いていて気持ちのよいお店」「風通しがよくて、掃除も行き届いているピカピカのお店」。

そんなお店には、**「この場をよりよくしよう」という思いで働く人たちが集まっているわけですから、いいエネルギー（波動）が感じられる**はずです。

「エネルギー」や「波動」という言葉を科学的に説明するのはなかなか難しいことですが、平たくいうと「気」のこと。つまり**「いいエネルギーが感じられる」とは「なんとなく気持ちがいい」ということ**です。

また、そんなお店に集うお客さんは、そのいいエネルギーを（無意識のうちに）好ましいと思い、やってきているはず。つまり〝こだわり〟のある人たちですから、やはり「いいエネルギー」を放っているものです。

結果的に、**そのお店全体がまるでパワースポット**のようにいいエネルギーを発していることになります。そこでは、お客同士の喧嘩や小競り合いも、お客と店とのトラブルも、厨房などのバックヤードでの争いもない（少ない）はずです。提供される料理も一流のものでしょう。

とはいえ毎食、そんなお店に通うことは難しいかもしれません。でも、そんなお店に通う回数を増やすことが、あなた自身を確実に高めてくれます。

反対に、次のようなお店は極力避けたいものです。「冷凍食品を解凍調理して出すだけのお店」「テーブルの上が汚れていたり、ゴミが落ちていたりするお店」「不愛想なスタッフが対応しているお店」「客同士のトラブルが絶えないお店」…。

もちろん急いでいるときに、そんな贅沢を言っている暇はないかもしれません。でも、特別な記念日や少し余裕がある日は、ゆったりとこだわりのある食事をとることをおすすめします。

また、食事を誰ととるかも大きな問題です。おいしい食事を、よいエネルギーの高い場所で、できれば大切な人との会話を楽しみながらとる。そんな素敵な体験を、少しずつでも重ねていきませんか。それが、あなたの**運気を確実に高めていきます。**

もし自分が「運が悪い」「ツイていない」と思うなら、今挙げた「お店」の例に代表されるような「人の思いが込められたもの」を選び続けてみてください。周囲からよいエネルギー（気）を取り込んで、自分自身のエネルギー（生命値）を高めていくことができます。すると、勉強も、仕事も、プライベートも、すべてが好転し始めます。

また自分自身のエネルギーを高めることができれば、笑顔も増えるわけですから、**今度は周りに幸せをお裾分けできますよ。**

世の中になければ、自分でつくればいい

「それは今の世の中にないのだ」と気づいたとき。あなたはどう捉えるタイプですか？

①「世の中にないのなら、仕方がない。不便だけれども諦めよう」
②「世の中にないのなら、チャンス！　私が新しく生み出しちゃおう」

①と答えた人は、真面目で素直な人。現状を受け入れることができる、我慢強い人です。
②と答えた人は、進取《しんしゅ》の精神に富んだ人。自ら進んで困難なことに取り組める人です。
これは①と②、どちらのタイプが秀でているかという話ではありません。
でも、あなたがもし①のタイプで、いろんな不便さを我慢しながら生きているのなら。
②の考え方を少し取り入れてみませんか？
実際、**多くの起業家は②の思考で社会全体を見渡し、隠れたニーズを掘り起こしている**ものです。

「世の中にないもの」こそ、大きなビジネスチャンスになりやすいからです。

もっといえば、「ビジネスにしよう」とまで思わなくてもかまいません。自分の大事な人が「◎◎がない」と困っているとき。「じゃあ、私がつくってあげる」と挑戦できれば、それは素敵なことではないでしょうか。

「世にないものは、つくればいい」。そんなマインドを、ぜひ身につけてほしいのです。

そもそも私が塾を開業した理由の一つに「自分の息子たちを塾に入れたい」と思ったことがあります。

FXで1億円の損失を出したとき。お金がなくなったので、息子たちの習い事はいったんストップさせました。

とはいえ、当時所属していた少年野球のチームだけは、ありがたいことにさほどお金がかかりませんでした。だから、続けることができたのです。

特に、当時小学生の長男の夢は「甲子園出場」。そんな彼に「お金がないから、野球もやめよう」なんて、とても言い出せないですよね。

ところがお友だちの影響か、そんな彼が「僕も塾に行きたい（=中学受験をしたい）」

と言い出したのです。念のため、受験対策として王道である〝集団塾〟に月謝を問い合わせると、当時の私にとってはめちゃめちゃ高い……。

おまけに、集団塾では「中学受験をするなら、習い事はやめる」というのが〝常識〟のようでした。

一方、マンツーマン指導がウリの〝個別塾〟に尋ねてみると、習い事はやめなくてもいけそうでしたが、中学受験対策は手薄でした。

つまり「中学受験を目指しながら、少年野球も続けたい長男」に**合う塾は、存在しなかった**のです。

でも私は長男に「野球をやめて、甲子園への夢もきれいに諦めよう」なんて、口が裂けても言えませんでした。それでは小さな彼の今までの人生を否定し、将来の選択肢を、親が奪ってしまうことになります。

そこで**「うちの子にピッタリの塾がないなら、私がつくる」と奮起した**のです。「野球を続けながら、中学受験にも挑戦できる塾」を目指したのです。ですから私の塾では、通ってくる生徒さんたちに「習い事はやめてください」と指導したことは一度もありません。

レッドオーシャンで生き残る たった一つの方法

ビジネスの基本は、何らかの商品（サービス）を提供して、お客様に喜んでいただくこと。「自分がいいと思うもの」「自分が好きなもの」「自分が得意なもの」を押し付けても、喜んでいただけるとは限りません。ビジネスを成功させるには、相手の潜在的なニーズを汲み取る力が必須です。

すごく当たり前のことかもしれませんが、とても大事なのであえて申し上げました。というのもこの原則は、ビジネスだけでなく、人間関係においてもことごとく当てはまるからです。

どういうことかというと、相手が（無意識のうちに）望んでいる行動をとれば、相手に喜んでもらえるわけです。

そこで、相手の欲求を読み取る訓練を積み重ねていきましょう。**人の心を読み取る力を高めることで、どんな人も確実に成功へと近づきます。**

実際、私はこの原則を信条にしていたおかげで、『瞬読』を開発することができました。

「本を速く読めたらうれしいな」という潜在的な欲求は、どんな人の心の奥底にも横たわっているものだったのです。

おかげで、生徒さんたちからその保護者へと瞬く間に火がついて大人気となり、今なおその支持者は増え続けています。『瞬読』が誕生するまでの物語をお話ししてみましょう。

塾を開業してから5年ほど経った頃。塾が5教室以上になった時期から、ある悩みが生まれました。それは、集客にまつわる悩みです。

私が責任者を務めると、１つの教室に１００人以上の入塾希望者が殺到します。でも他の人に１つの教室を任せて責任者になってもらうと、どんなに頑張っても50人程度しか入塾希望者が集まらないのです。とはいえ、私がすべての教室の責任者を務めるわけにもいきません。

そこで**「他塾にない付加価値の高いサービスで、差別化を図ろう」と考えました。**

色々と考えて思いついたのが「速読」の技術を教えることでした。なぜなら「本をよく読む子は頭がいい」という昔からの定説があるから。実際、読書好きな子は漢字もよく知っているし、知識も豊富だし、読解力も当然ある。さらに判断力や表現力も高い。だから、本を速く読むお手伝いができないかと考えたのです。

速読のニーズは昔からずっとありますので、市場としての手堅さはあります。そこに、単に速く読めるようになるだけを求めている人だけでなく、**本を読む以外のメリットにまで拡張させることで、潜在的なお客さまがたくさん掘り起こせるのではないかとも考えた**わけです。

それも「1冊に3日かける」というような速度ではなく「1日1冊」、もしくは「1時間で1冊」、さらには「数分で1冊」というようなレベルを目指せないかと考えました。

つまり、速読の世界でも、他を寄せ付けない圧倒的な強さ、第2章の別の項目でもお話ししました**「ナンバーワン」を目指した**のです。

そこまで脳の力を信じることができたのは、母がそろばん塾をやっていたからでしょう。私も大学生の頃、母のそろばん塾で指導にあたっていたことがあります。

そろばんが得意な子は、4桁×4桁の暗算ができます。それは脳の使い方が優れているからでしょう。

本を読む速度も、それと同じこと。脳の使い方を教えてあげれば、誰だって光のような速さで本を読めるはずだと考えたのです。

そして、とある方に速読法を伝授してもらったことがきっかけで、私はオリジナルの速読法を編み出しました。それが『瞬読』です。
さまざまな論文やデータを探し、生徒さんたちと一緒によりよい方法を検証しながら、読むスピードと内容を読み取る精度を高めていきました。

やがて塾の生徒たちだけでなく、その変化に驚いた親御さんたちに「教えてほしい」と乞われ、大人向けのメソッドも開発し、現在のスタイルにたどりついたというわけです。
今では意欲の高い大人の受講生さんたちが、日本全国津々浦々から、『瞬読』のトレーニングに来てくださるようになりました。現在はオンライン講義も豊富に展開しています。

「確実性のある市場での、潜在的な掘り起こし」と「ナンバーワン」。これがレッドオーシャンで生き残る方法だと考えています。

自分探しなんて不要。直感に従っていれば気持ちよく生きられる

「得意なことも、好きなこともなくて困っています」。こんなお悩みを打ち明けられたことが何度かあります。その度に私は、自分の半生を引き合いに出して励ましてきました。

「大丈夫です！　私だって得意なことも、好きなことも、何もありませんでした。今は、さまざまなお仕事に携わるようになりましたが、それでもやはり得意なことは未だにありません。また趣味について聞かれたりもするのですが、それにも答えられません。なぜなら趣味なんてないからです」

こうお伝えするとたいていの方は驚かれます。そして、少し安心されたような表情になります。

皆がある程度物質的に豊かになったせいでしょうか、現代は「ただ生きているだけでは不十分だ」、そんな風潮があるように感じます。

誰もが趣味を充実させたり、特技を身につけたり、固有の能力を発揮させたりして、いわゆる自己実現をしなければいけない。そんな脅迫観念があるように思います。だから「得意なことも趣味もない」という人は、変わった人に見られている気がします。

でも**「そんなの、見つからなくてもいいじゃない？」**と疑問に思うのです。

私は趣味も特技もありませんが、毎日多くの人たちとのコミュニケーションを楽しみ、やりたいことに没頭して、十分に幸せに暮らせているからです。

「私は◎◎が得意」「私は◎◎が好き」などという**枠に自分をはめ込む必要はない**はずです。

逆にいうと、私にはこれから「特技」や「趣味」に出合える可能性が残されているということです。

1年後には恋愛小説を書いて、有名な賞を獲得しているかもしれません。

2年後には、映画女優としてデビューしているかもしれません。

そして3年後には、プロ野球球団のオーナーになっているかもしれません。

もちろん、そんなオファーを今までいただいたことはありませんし、その兆候は今現在全くありません。

でも、人生ってどこでどうなるかまったくわからないもの。突然チャンスが巡ってきたとき、直感に従って「YES」と答えて、素早い行動を積み重ねたら。新たな道が開けるはずなのです。

だから**「得意なこと」「好きなこと」をわざわざ自分に問うような「自分探し」なんていりません。**

そんなことでストレスを感じている暇があったら、直感に従って素直に生きるだけで、気持ちのよい人生を歩むことができるのではないでしょうか。

実際、私は『瞬読』のシリーズ1作目を出版してから、5年経たずに8冊の本を刊行（本書を含めれば）、数多くのメディアに取り上げていただき、全国を仕事で駆け回るようになりました。

人生が12倍速で進んでいるような気持ちです。

もとをたどれば36歳までは普通の主婦。夫の稼ぎだけで、毎日楽しく子育てをしていた無名の主婦なのですから驚きですよね。

でも、直感に導かれてここまで来ることができました。直感の威力、侮るなかれ！　だから、あなたも**直感に従ってみてください。**

シンプルに先手必勝！先駆者利益を狙う

〝新しいもの〟が世に出たとき。人の反応は好意的か批判的かの2通りに分かれます。つまり「飛びついてすぐ活用しようとする人」と、「懐疑的な態度で批判をする人」です。

しかし歴史を振り返ると、前者のほうが先駆者利益を得られ、得をしているような気がします。

iPhoneが日本で初めて発売されたときのことを思い出してみてください。「Apple Storeに長蛇の列」「中には徹夜組も！」などと揶揄《やゆ》するような報道が多かったと記憶しています。でも、どうでしょう。今や日本全国どこに行っても老若男女問わず、多くの人がiPhoneの恩恵を受けています。

実際、私も様子見をしていた側の一人。身の回りにiPhoneユーザーが増え出してから乗り換え、「こんなに便利なら、もっと早くから使えばよかった」と悔やんだものです。

ですから、**ちょっとミーハーなくらい〝新しいもの好き〟なほうが、人生の幅が広がる**ような気がします。

また近年のテクノロジーの進歩は目覚ましいものです。コロナ禍で物理的な接触を防ぐ試みから、社会の至るところで一気にDX化が進みました。「現金以外の清算しかできない」という店も珍しくありません。使い慣れた現金一択でクレジットカードや電子マネーを批判し、拒み続けていては、日常生活を送ることすらままならなくなることもあるわけです。

〝新しいもの〟を拒み続けていては、時代遅れの人になり、不便な暮らしを余儀なくされてしまいかねません。

逆にいえば、好奇心を発揮して、新しい技術やサービスに慣れ親しんでいけば、私たちの未来は飛躍的に便利で豊かなものになるはず。

ですからどんな年代の人も、心を柔軟にして新しいものを受け入れていくのはいかがでしょうか。どうしても合わなければ、そのときにやめればいいだけです。まずはおいしい話に飛びつく、くらいの楽しむ感じでちょうどいいと思います。


〝新しいもの〟の代表格のひとつが、メタバースです。

「メタバース」とは簡単にいってしまうと、「仮想空間」と呼ばれるコンピューター上でつくられた世界でさまざまな活動をすることを指します。自分の分身のような「アバター」と呼ばれるキャラクターを操作して、そこにいる他のアバターたちと話をしたり仕事したりして交流することができます。


コロナ禍の影響で、メタバースのビジネス利用の可能性も高まりました。Ｆａｃｅｂｏｏｋ社がＭｅｔａ（メタ）社と社名を変更したり、Ｍｉｃｒｏｓｏｆｔ社などがメタバースへの参入を進めています。

マッキンゼー・アンド・カンパニーはメタバースの市場規模が「2030年までに5兆ドル（約650兆円）に達する可能性がある」と発表（2022年6月）しています。それが世界的な流れです。

では、日本国内の動きはどうでしょうか。「メタバースの可能性は高いが、どうなるかわからない」というのが2023年時点の主な論調です。

でも「だからこそチャンス」ではないでしょうか。世界的な視点でいうと、メタバースの需要は既に高く、産業的な成長が見込まれています。さらには、未来においての深刻なエンジニア不足が指摘されています。

もし日本が、このメタバースのブームに乗り遅れ、エンジニアも育てていないとなると、世界規模でのエンジニア争奪戦に巻き込まれることになります。逆に考えると、今からメタバースの技術を学び始めた人は、近い将来、仕事に困らないでしょう。

そんな未来予測にもとづき、私は自分が創設した「EMI高等学院」でメタバースのプログラミングを学べるようにしました。世界的なデジタル社会化に適応し、世界で必要とされるグローバル人材を育てたいからです。

また、学校の開校を記念したプレス向けの発表会では、人気ママさんタレントの藤本美貴さんに登壇を依頼。「自身のアバターを動かして、ＥＭＩ高等学院の正門から大講堂まで歩いてもらう」というメタバース体験をしてもらいました。「こんな体験は初めて！」ということで、藤本さんにはとても喜んでもらえました。

このように〝**新しいもの**〟**に早く飛びつくことにはメリットが数多くあります。**

新しいやり方や技術を習得するのが煩《わずら》わしいせいで、無意識のうちに〝新しいこと〟を避けたり、批判したりしてしまう。そんな人もいるでしょう。最初はハードルが多少は高いでしょうが、**着手してしまえばそのハードル以上の見返りが待っている**ことも多々あります。

先駆者利益をどんどん狙っていきましょう。

「ないない尽くし」も関係ない！直感の絶大な威力

本書でお伝えしたかったこと。それは「直感で動けば動くほど、幸せに近づく」というこの世の原則です。

人は誰でも、周囲からの教えや影響を受けて育ちます。その過程で、頭を使って考えすぎたり、人の目を気にしすぎたり、未来を心配しすぎたりして、直感を働かすことやそれに従うことを忘れがちなのです。

もちろん、直感に頼らなくても心底幸せに過ごせているなら問題はありません。でも「なんだか運気が悪い」「私だけツイていない」「不幸なことが続く」「いつまでたってもうまくいかない」…。そんな場合は、直感の大切さを見直してみませんか。

また直感を優先できるよう、環境や心身を整えることもおすすめします。

「直感を大事にする」といっても、そう難しいことではありません。まずは「自分の欲求に気づき、それを叶える」という訓練をおすすめします。

たとえば「おいしい水を飲みたい」「今日は、野菜をたくさん食べたい」「あの本を読みたい」「本当は転職をしたい」「昔からの夢を実現させたい」「友人のFちゃんと久しぶりに話がしたい」。

このように「～したい」という方向の欲求があれば、「～したくない」という方向の欲求もあるはずです。

「今日はなんだか、この服は着たくない」「マウンティングをとってくるWさんと、話したくない」「疲れがたまっている気がするから、今日は何もしたくない」

ささやかに思えるものもあるかもしれませんが、いずれも大事な〝欲求〟です。わがままを言っているわけでも、贅沢を望んでいるわけでも、サボりたいわけでもありません。なるべくそれらの欲求は叶えてあげるようにしましょう。それが**自分を大事にするということ。**

もちろん、欲求のすべてが「即叶う」ということはありません。たとえば「転職をしたい」などの欲求を実現するには、数か月、数年かかるかもしれません。でも、その**欲求を実現させようと行動し始めることで、あなたの状況は変わり始めるはず**です。

実際、私の人生を見てください。起業、自著の出版、そして通信制高校のサポート校を創設。無謀とも思える大きな夢を(時間はかかりましたが)次々と叶えてきました。よくぞここまで厚かましく、「身分不相応な夢」を追いかけ続けられたものだと自分でも思います(笑)。

でも「やりたい!」「できる!」「うまくいく!」、そんな直感を信じ続け、行動を積み重ねてきたからこそ、夢を実現できたのです。**「直感→行動」を繰り返した結果の蓄積なのです。**

自著の出版についてもそうです。1冊目は直感に従って「私のメソッドを早く世に出したい！」とワクワクしながら自分から動いていましたが、2冊目以降はノーアクション。出版社さんのほうからお声がけいただけるようになりました。テレビ出演についても然《しか》りです（15・55ページ）。

世の中に、「99％うまくいく方法」なんて、もちろんありません。

でも**直感に従って、早く決断して、行動量を増やしたほうが、作業の量はこなせるものですし、意外に精度も高いもの。**

それに「直感→行動」を繰り返すことって、**再現性の高いメソッド**なんです。というのは、時間や人やお金が不足していても、それを超える魅力を感じやすいものであるから、行動に至るまでが早くできるからです。

自分の欲求に蓋《ふた》をしないために

「今の仕事、実はイヤなんです」「私が本当にやりたいことは、別にあるんです」。そんな相談をもちかけてくださる方に、私はよく次の話をしています。

1995年1月17日午前5時46分。私は神戸市内の自宅で大地震に遭いました。そう、あの甚大な被害を出した阪神・淡路大震災です。当時の私は同市内の甲南大学に通う大学4年生でした。

神戸市は震源に近かったため、特に多くの犠牲者を出しました。私は大学の同級生を何人も亡くしました。「命は助かったものの、家が全壊、半壊した」という知人や友人だって、何十人もいます。

実際、震災直後に大学に足を運ぶと(もちろん授業が行われるどころではありませんでしたが)、そこは遺体安置所になっていました。幸運にも生き残れた私は、ご遺体に手を合わせるしかなかったのです。

また安置所は「伝言板」のような機能も果たしていました。「◎◎◎◎は、◎◎町の避難所にいます」というメモが、壁にびっしりと貼られていました。スマホもない時代ですから、そうやって連絡を取り合うしかなかったのです。

ずらりと並ぶ数百人のご遺体と、壁に貼られたメモがはためく光景。それは「生き地獄」という形容がぴったりでした。

そのときに私は、こう思ったのです。

「20代の私は、あと何十年もまだまだ生きられると思っていた。でも、**人の命の長さなんて、実は保証されていない。**どんなに若くても、人生が突然終わることがある」

「それなら、やりたくない仕事は、したくない。どうせいつまで生きられるのかわからないのなら、今いちばんやりたいことだけをやって生きていこう」

当時、大学4年生。銀行から内定をもらい、「これで就職活動は終わり」と安堵《あんど》していた私でしたが、そこで死生観が一変します。

そして、銀行からの内定を辞退。当時、ADとしてアルバイトをしていたテレビ局に頼み込んで、そのまま働かせてもらうことにしたのです。

「お前が働くなら、できるだけ堅い仕事がいい」。そう言って、銀行への就職を喜んでいた両親を驚かせてしまいましたが、自分の意志を貫き通してよかったと思っています。

今の世の中にも、自分の本心の通りに仕事を選べない人は一定数存在するようです。

「親ブロック」「嫁ブロック」などという言葉がその現実を象徴していますよね。「自分の希望をブロック（阻止）されてしまう」というのは、それだけ大事に思われている証拠でしょう。

とはいえ、人生は一度きり。自分の欲求に蓋をしてしまって、あなたは本当に後悔をしませんか？　言い古された教えではありますが、「今、死んでも悔いのない行動」を積み重ねることが、本当に大事な人生だと思いませんか？　私の学生時代の被災体験が、参考になれば幸いです。

転職、結婚、家を買うという大きな選択に限らず、**ささいなことについても同じことがいえます。**

たとえば「お母さん、元気かな？」と思ったら、昼休みに1本電話を入れて、実際に話してみる。「今日は天気がいいから、散歩をしたい」と感じたら、絶対にその日にしないといけない仕事や家事だけでも早く終わらせて、その日のうちに歩きに行く。そして、しっかりと喜びや幸せを噛みしめる。

そんな人生の使い方こそ、あなたの心を安定させ、成功へと確実に導いてくれます。

おわりに

実はこの本を出すに当たり、とても複雑な気持ちでした。お読みいただいての通り、幼少期、家族やプライベートなことも含めて赤裸々に書いてあります。これまで身内にさえ話さなかった、隠しておきたいエピソードも多々あります。

本文にもあります通り、私は15年前の30代半ばまで平凡で何の取り柄もない専業主婦でした。突然の不幸とも思えるリーマン・ショックにより明日の食費にも困る経験をしたことから、人生のレールが切り替わったのです。「お金もない」「経験もない」「実力もない」「仲間もいない」…。

そんな普通の主婦が経営者となり、著者となり、高等学院を設立。「そんなことあり得るの？」「特別な才能があったのでは？」普通はそう考えますよね。しかしやっぱり私は、ごく普通のどこにでもいる人間です。

でも何か成功法則があるのでは？　それを共有することができたなら、たくさんの人が変わるきっかけになるのかもしれない。そんな思いから本書ができました。

実はこの本の編集者である杉浦博道さんは、私の処女作『瞬読』の編集者様なのです。約5年前の初出版以来、何者でもない私が次々に夢を叶え続けるのを直近に見て、「何もない」こそ武器なんじゃないか？　このノウハウを再現できたら、きっと多くの人の役に立つはず！」そう断言してくれたのです。杉浦さんなしに今の私はいません。本当に感謝しています。

その『瞬読』は私の師である西田文郎先生がいたから生まれました。ずっと変わらず応援してくださり本当にありがとうございます。

また、日本を代表する著作者である永松茂久さんと和田裕美さん。このお2人は、駆け出し著者としての私を温かく見守ってくださるだけでなく、ＥＭＩ高等学院設立という無謀ともいえる挑戦に対し、二つ返事で応援メッセージをくださり涙が出るほど嬉しかった。本当にありがとうございます。

出会った2年前は経営者でありながら自信も笑顔も少なく過去の自分を見ているようだった、とよどめなつみさん。親しくなる過程で私の思考を好いてくれた彼女は、たった2年で有名書評インフルエンサーに！　今では私が教えを乞う存在です（笑）。激変していく彼女を見られたのは、この本を作るきっかけの一つでした。ありがとう！

母として不足だらけの私の元で、素直に優しく育ってくれた自慢の息子たち。彼らがいたから頑張れました。貴方たちの母でいられて幸せです。

妻として完全落第点の私を、得意なことだけに打ち込ませてくれる主人。「ブレーンは誰ですか？」とよく聞かれますが、私のブレーンは仕事も家庭も間違いなく主人。ありがとう。

そして両親。色々ビックリしたかもしれない。でも今の私は最高に幸せなので過去の話と笑ってね。いつまでも元気で長生きしてください。ありがとう。

「ＳＳゼミナール」「ＡＰマスターズ」「瞬読」「ＥＭＩ高等学院」と多岐に渡る仕事に全力で打ち込めるのも支えてくれるスタッフ全員のおかげ。みんな本当に本当にありがとう。大好きです！

恥ずかしい過去も書きましたが、私の志は「世のために自己を生かす」こと。私の経験が世の役に立てられれば本望ではないのか？　そう考えて本書ができました。

何も持っていなかったフツーの主婦だった私が、たくさんの夢を叶えたちょっとした方法。誰でも、いつからでも真似してもらえることばかりです。ほんの少しでもあなたの人生のお役に立てることを祈って…。

２０２３年６月　山中恵美子

「何もない」こそ最高の武器になる

何も持っていなかったフツーの主婦だった私が、
たくさんの夢を叶えたちょっとした方法

2023年7月11日　第1刷発行

著　　者　山中恵美子
発 行 人　土屋 徹
編 集 人　滝口勝弘
企画編集　杉浦博道
発 行 所　株式会社Gakken
〒141-8416　東京都品川区西五反田2-11-8
印 刷 所　中央精版印刷株式会社

●この本に関する各種お問い合わせ先
本の内容については、下記サイトのお問い合わせフォームよりお願いします。
https://www.corp-gakken.co.jp/contact/
在庫については　Tel 03-6431-1201（販売部）
不良品（落丁、乱丁）については　Tel 0570-000577
学研業務センター　〒354-0045　埼玉県入間郡三芳町上富279-1
上記以外のお問い合わせは　Tel 0570-056-710（学研グループ総合案内）